대학생을 위한

학습전략

Learning strategies for college students

김현우
윤혜진
최보라

지식터

머리말

대학생을 위한 학습 성공의 열쇠를 찾아서

안녕하세요, 대학생 여러분.

다가올 미래사회는 4차 산업혁명이나 인공지능 기술 등 첨단 기술 발전으로 인해 격변할 것이고, 이에 따라 미래 교육 또한 내용과 방법 등 모든 면에서 지금과는 확연하게 달라질 것입니다. 일부 사람들은 미래에는 학교나 교사가 필요 없을 것이라고 예측하는 사람도 많습니다. 하지만, 한 사회가 유지되는 데 있어서 교육의 기능과 역할은 막중합니다. 사회적 동물인 인간이 사회 구성원으로서 다른 사람들과 어울려 살기 위해서는 '사회화'라는 과정이 절대적으로 필요하며, 사회화에 있어서 가장 큰 비중을 차지하는 것이 바로 교육이라고 할 수 있습니다. 따라서 사회적 존재로서의 인간이 존재하는 한, 그리고 인간 집단인 사회가 존속되는 한, 교육이라는 사회적 기능이 사라질 수는 없다고 할 것입니다.

미국을 비롯한 영국, 호주 등 북미와 유럽 선진국의 대학에서는 21세기를 대비하여 대학생들의 학습 능력을 향상시키기 위해 교양 교과로 학습 방법, 학습 기술 등과 관련한 교과를 개설하여 운영하고 있으며, 학습 검사를 실시하고, 그 결과를 바탕으로 학습 기술 훈련 프로그램을 제공하는 것으로 알려져 있습니다. 이러한 시대를 잘 살아가기 위해서는 지식의 생산활동에 참여할 뿐 아니라 지식을 효과적으로 내면화시키는 유능한 자기주도적 학습자가 되어야 합니다. 단순히 다른 사람들에 비해 더 많은 지식을 습득하기보다는 지식에 접근하고 그것을 이용하는 효과적이고 효율적인 학습전략을 지니고 있어야 한다는 뜻입니다. 이 교재는 현대 대학생들이 지혜롭게 학습하고 성공적으로 성장하는 데 필요한 학습전략과 기술을 다루고 있으며, 급변하는 시대에 대학생으로서 여러 도전에 직면하게 될 여러분들에게 효과적인 학습 방법을 개발하는 데 도움을 줄 것입니다.

이 교재의 첫 장에서는 학습전략의 중요성에 대해 다룹니다. 현대 대학에서의 학습은 단순히 지식을 습득하는 것을 넘어, 지적 능력, 창의성, 문제해결 능력 등을 키우는 과정입니다. 이러한 능력을 키우기 위해 어떤 학습전략이 필요한지 함께 알아봅니다. 다음으로 자신을 이해하는 것은 효과적인 학습의 출발점입니다. 학습 스타일, 성격유형, 그리고 성격 강점에 대한 이해를 바탕으로 자신에게 맞는 학습 방식을 찾아가는 과정을 탐험합니다.

학습 동기와 비전은 목표를 향한 움직임을 만들어냅니다. 이 장에서는 자신의 학습 동기를 찾는 방법과 비전과 목표를 수립하여 그에 맞는 전략을 계획하는 방법에 대해 알아봅니다. 또 대학 생활에서 가장 중요한 기술 중 하나인 시간 관리에 대해 다룹니다. 효과적인 시간 관리를 통해 학업, 활동, 여가 등을 균형 있게 조절하는 방법을 살펴봅니다.

다음으로 다루게 될 인지 전략은 효과적인 학습의 핵심입니다. 이 장에서는 주의를 집중시키는 방법과 공부에 집중하는 데 도움이 되는 다양한 전략들을 다룹니다. 또한 지식을 습득하고 활용하기 위한 기억 전략과 기억을 효과적으로 활용하는 방법에 대해 알아보기 위해, 학습 과정을 관찰하고 조절하는 메타인지 전략과 학습의 기본이 되는 예습과 복습 전략, 학습 성찰 그리고 창의성, 비판적 사고력 등 고차적 사고력을 키우는 방법을 살펴봅니다.

이어서 성공적인 학습전략으로 노트 정리, 팀 활동, 토론, 시험 대비, 프레젠테이션, 리포트 작성, 읽기 전략 등 다양한 학습 상황에서 성공적으로 학습 기술을 다룹니다. 마지막으로 미래사회의 핵심 소양이라 할 수 있는 디지털 테크놀로지를 활용한 교육환경에 적응하고 미래사회를 대비할 수 있도록 온라인 수업 전략과 다양한 앱과 플랫폼 등을 활용한 효과적인 학습 방법에 대해 알아봅니다.

이 책을 통해 여러분은 학습의 본질을 깊이 이해하고, 개인의 특성에 맞춘 효과적인 전략들을 찾게 될 것입니다. 여러분의 학습 여정이 지혜로움과 풍요로움으로 가득 채워지길 기대하면서, 함께 여행하는 동안 기쁨과 성장을 경험하고 새로운 지식을 발견하는 즐거움을 나누기를 바랍니다.

대학생 여러분의 성공적인 학습을 응원합니다!

차례

CHAPTER 04 인지전략

CHAPTER 05 메타인지전략

CHAPTER 06 성공적인 학습을 위한 전략

학습전략의 필요성

01
CHAPTER

CONTENTS

01 CHAPTER 학습전략의 필요성

가 고등학교와 대학교의 차이점

현대 사회는 과학과 정보통신 기술의 혁신으로 사회변화를 예측하기 어려워졌으며, 이에 대학생들에게는 학습전략을 습득하는 것이 지식보다 중요해지고 있음

● 대학생과 학습

- 대학생은 초등학교부터 시작된 학습의 여정을 일단락 짓는 단계로, 이 시기는 대학에 진학한 이유와 대학 생활에서의 목표에 대해 깊이 고민하는 것이 중요함
- 대학 진학은 보편적이고 필수적인 요소로 여겨지지만, 고등학교까지의 공부와는 다른 색다른 경험을 제공함
- 초 · 중등 공부는 입시 위주이지만, 대학 생활은 자유로움과 낭만을 추구하기에 충분한 시간임
- 대학에서는 어떻게 공부하고 어떻게 생활할지를 결정해야 함. 대학 생활은 자신의 인생에서 어떤 의미이기를 원하는가에 따라 결정되며, 이후의 인생에도 영향을 미침

● 대학 생활이 고등학교와 다른 점

- 수업 시간표를 자율적으로 구성 가능
- 선생님의 간섭과 통제로부터 자유로움

- 시간의 여유가 많아짐
- 공부를 방해하는 요소가 많음

● 대학생을 위한 학습 전략

- 대학 공부는 학생 스스로 모든 것을 찾아서 해야 함
- 학습에 몰입하고 지속하기 위해서 스스로 동기부여하는 법을 터득해야 함
- 수업 진행 방식이나 과제 유형에서 학생들의 발표나 문제 제기, 참여 등을 요구하는 수업이 많고, 과제에서 요구하는 것 또한 방대한 자료 조사부터 분석이나 요약, 통합에 이르기까지 다양함
- 제대로 예습과 복습을 하기 위해서는 상당한 시간이 소요되며, 한두 번 읽어서는 그 내용을 정확히 파악하기 어려움
- 대학에서 출제되는 시험 문제의 유형과 시험 시기 등이 매우 다양함

Tip 성공적인 대학 학습

- 수업이 시작되기 전에 등교 첫날 시간표에 맞추어 교내 산책하기
- 친구와 선후배, 대학 조직 및 동호회, 학교 자치 활동 등 학교 자원을 최대한 활용하기
- 지도교수와 정기적으로 만나서 상담하고 문의하기
- 수업시간에 성실하게 참여하기

● 대학생으로서 해야 할 일은?

- 자기이해와 학문적 비전: 자신이 어떤 분야에서 특히 관심을 가지고, 뛰어난 장점이 있는지 파악할 것
- 진로 및 전문 목표 수립: 자신의 비전을 수립하여 혁신적인 목표를 세우고, 졸업 후 어떤 진로를 선택하고 싶은지 명확히 이해할 것
- 자기계발 및 능력 향상: 학문적 역량뿐만 아니라 소통, 리더십, 문제 해결 능력 등의 다양한 역량을 키울 것
- 사회 참여와 공헌: 자신의 역량을 활용하여 사회에 기여하는 목표를 가질 것
- 건강과 균형: 비전과 목표를 수립할 때 신체적, 정신적 건강을 유지하고 균형 있는 삶을 추구할 것

고등학교와 대학교의 차이점 활동(1) 고등학교와 대학교의 차이 비교

활동목표 고등학교와 대학교에서의 생활과 학습을 비교해 봅시다.

활동내용 아래의 내용을 작성하고 고등학교와 대학교의 차이점을 다른 친구들과 함께 나누어보세요.

■ **고등학교와 대학교 생활에서 가장 크게 다른 점은 무엇인가?**

■ **고등학교와 대학교의 수업은 어떤 측면에서 다른가?**

1) 교과목명과 수업 내용

2) 강의실, 교수님, 캠퍼스 등 수업 환경

■ **대학교에서 효과적인 학습을 위한 방법들을 생각나는 대로 적어보세요.**

나 자기조절학습 역량

● 자기조절학습이란?

- 학습자 스스로 학습을 선택하고 구성하며 실행하는 학습의 포괄적 의미
- 대학생은 대학 생활에서 자신의 능력과 흥미를 기반으로 자기주도적 학습을 전개할 필요가 있으며, 이를 통해 합리적인 의사결정 과정과 능동적 참여 그리고 책임의식이 학습됨
- 대학생활은 초 · 중 · 고등학교의 교육과정은 다르기 때문에, 대학 생활에서 학생들은 자신의 학습과정과 방법에 대한 이해를 바탕으로 자신에게 가장 적합한 학습방법을 선택하여 활용할 수 있도록 자기조절학습 능력을 개발할 필요가 있음

● 자기조절학습의 개념 및 구성 요인

- 자기조절학습자는 학업 성취를 향상시키기 위해 학습의 동기적, 인지적, 행동적 전략을 체계적으로 사용함
- 동기적 전략: 노력과 결과의 관계 인식하기, 성취감과 능력감, 학습욕구, 과제 요구를 측정하는 능력, 과제 요구를 조정하는 능력, 학습과제와 평가 사이의 관계를 파악하는 능력
- 인지적 전략: 인지에 대한 지식, 자기반성적 인식, 학습목표를 달성하기 위한 기술 세분하기, 학습촉진을 위한 계획 조직하기, 학습 목표를 달성하기 위한 절차
- 행동적 전략: 도움 구하기, 계획하기, 학습환경을 조절하는 능력

자기조절학습의 구성요인

자기조절학습 역량 활동(1) 자기조절학습 알기

활동목표 나의 평소 학습방법에 생각해봅시다.

활동내용 아래의 내용을 읽고 자신의 생각을 정리해 본 뒤, 팀원과 함께 이야기 나누어보세요.

■ 평소 학습을 어떻게 하는지 작성해 보세요.

■ 생각해 보기

1) 위의 학습과정에서 나의 학습의욕은 어떠한 것 같나요?

2) 위의 학습과정에서 나는 적절한 학습전략을 사용하고 있나요?

3) 위의 학습과정을 수행하기 위해서 나는 어떠한 노력을 하고 있나요?

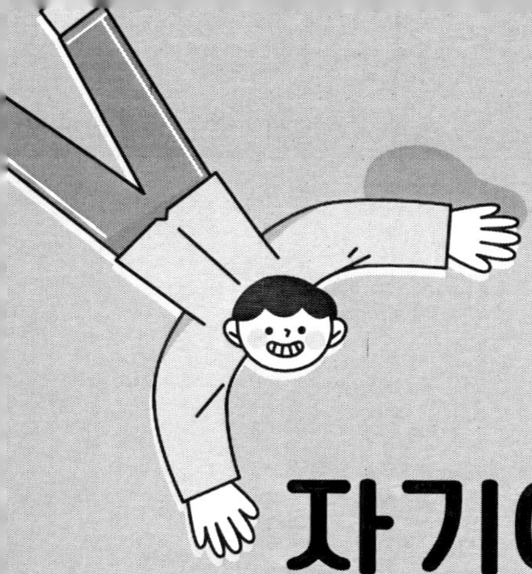

자기이해

02
CHAPTER

CONTENTS

02 CHAPTER 자기이해

가 학습스타일 검사

● 학습이란?

- 학습은 인간의 수행이나 수행 잠재력의 지속적 변화
- 행동의 변화는 학습자의 경험 또는 주변 환경과의 상호작용 결과로 일어나야 함
- 모든 행동의 변화가 학습이라고 볼 수는 없음(예 : 성숙, 약물에 의한 변화 등)

● 학습스타일 검사의 중요성

- 학습에 대한 전략을 세우기 이전에 학습스타일 검사를 통해 자신의 장점과 단점을 이해하므로 학습에서의 효율성을 높일 필요가 있음
- 학습의 변화는 스스로의 노력과 의지에 따라 변화 가능하기 때문에, 학습스타일 검사를 통해 자신의 부족한 부분을 보완하여 이를 해결할 수 있는 방법을 찾을 필요가 있음
- 학습스타일 검사는 학습역량을 향상 시키는 출발점

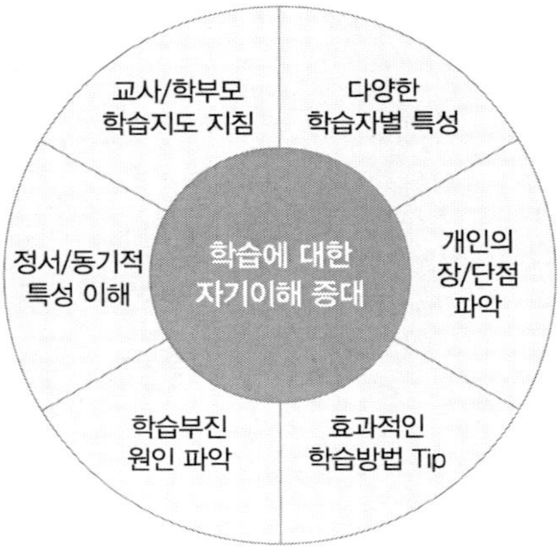

학습진단의 목적

● MLST-II 검사

- MLST-Ⅱ 검사는 학습자가 학습과정에서 보일 수 있는 행동과 태도 그리고 성격 양식을 알아보는 검사
- MLST-Ⅱ 검사문항 구성 요인

  - 성격 특성 : 효능감, 결과 기대, 성실성
  - 정서 특성 : 우울, 짜증, 불안
  - 동기 특성 : 학습, 경쟁, 회피
  - 행동 특성 : 시간관리, 공부환경, 수업 듣기, 노트 필기, 집중전략, 읽기전략, 기억전략, 시험전략

- MLST-Ⅱ 검사는 주도형, 성실형, 잠재형, 정체형으로 학습유형을 진단함

학습스타일 검사 활동(1) 나는 어떤 학습스타일일까?

활동목표 학습스타일 검사를 통해 나의 학습스타일에 대해 진단해 봅시다.

활동내용 MLST-Ⅱ 검사를 시행하고, 아래의 활동지에 의견을 적은 뒤, 팀원들과 의견을 공유해 보세요.

■ 나의 MLST-Ⅱ 유형 결과가 무엇인가요?

■ 나의 MLST-Ⅱ 유형을 통해 학습습관 중 바로 잡아야 할 부분은 어떤 것인가요?

나 성격 유형 검사

● 성격이란?

- 성격은 성품, 인성 등의 용어와 혼용되기도 하며, 인간의 지능, 능력, 정서, 습관, 태도 등 다양한 요소를 포함하고 있는 개념
- 성격이란 개체와 환경이 서로 상호작용을 통해 발달해 가는 환경에 대한 인간의 적응 양식
- 성격은 기본적 행동 경향성을 결정함

● 성격에 대한 이해의 중요성

- 학습은 행동의 변화를 말하며, 성격과 마찬가지로 주변 환경과의 상호작용 결과로 작용함
- 성격은 인간의 지능, 정서, 능력, 태도 등의 개념을 포함하며, 학습의 동기, 정서, 행동적 영역과 밀접한 관련이 있음
- 따라서 성격에 대한 이해는 인간이 수행을 하기 이전에 선행되어야 하며, 이를 바탕으로 자신의 장단점을 파악하고, 행동 경향성을 파악하여 적절한 행동 방향성을 결정할 수 있음

● MBTI 검사

- MBTI(Myers–Briggs TypeIndicator) 검사는 브릭스 마이어스가 융의 분석심리학 모델을 바탕으로 1944년에 개발
- 자기보고식 성격유형 검사로, 주의 초점, 인식기능, 판단기능, 생활양식에 따라 사람의 성격을 16가지 유형으로 나누어 설명함

외향
Extraversion
에너지, 주의 초점
내향
Introversion
감각
Sense
인식기능(정보수집)
직관
iNtuition
사고
Thinking
판단기능(정보수집)
감정
Feeling
판단
Judging
생활양식
인식
Perceiving

MBTI의 선호경향

성격유형 검사 활동(1) 나는 어떤 사람일까?

활동목표 성격유형 검사를 통해 나의 학습스타일에 대해 진단해 봅시다.

활동내용 MBTI 유형 검사를 시행하고 아래의 활동지를 작성한 후, 팀원들과 의견을 공유해 보세요.

■ 나의 MBTI 유형 결과는 무엇인가요?

■ 나의 MBTI 유형 결과를 바탕으로 알게 된 나의 새로운 점은 무엇인가요?

성격유형 검사 활동(2) 내가 보는 나, 남이 보는 나 그리고 되고 싶은 나

활동목표 내가 생각하는 나의 성격과 타인이 생각하는 나의 성격 그리고 몰랐던 나의 성격에 대해 알아봅시다.

활동내용 나의 성격 중 아래의 성격 구분에 해당되는 특성이 그렇다고 생각되면 ○표해 보세요. 다만, 내가 보는 나에 해당되는 특성, 남이 보는 나에 해당되는 특성 그리고 되고 싶은 나에 해당되는 특성을 각각 표기해 보고, 표에 제시되지 않았지만 내가 갖고 있는 특성이라고 생각되는 성격 특성을 추가로 작성해도 됩니다.

성격 특성	내가 보는 나	남이 보는 나	되고 싶은 나	성격 특성	내가 보는 나	남이 보는 나	되고 싶은 나
귀엽다				신중하다			
세심하다				속마음을 감춘다			
인기가 많다				용감하다			
논리적이다				융통성이 없다			
심술궂다				까다롭다			
건방지다				별나다			
정확하다				인내심이 강하다			
고집이 세다				게으르다			
기분에 따라 움직인다				친절하다			
낙관적이다				의지가 굳다			
진취적이다				정직하다			

성격 특성	내가 보는 나	남이 보는 나	되고 싶은 나	성격 특성	내가 보는 나	남이 보는 나	되고 싶은 나
외향적이다				겸손하다			
대범하다				성실하다			
독립적이다				질문이 많다			
솔직하다				부지런하다			
부끄러움을 잘 탄다				명랑하다			
비관적이다				예의가 없다			

성격유형 검사 활동(3) 나는 어떤 창문을 가지고 있을까?

활동목표 나의 자기개방영역을 확인해 봅시다.

활동내용 ① 왼쪽 위 칸에는 활동(2)에서 '내가 아는 나'와 '남이 아는 나' 동시에 표기한 단어의 개수를 정사각형으로 그려보세요(예: 7개라면 가로 7칸, 세로 7칸을 이어 정사각형으로 색칠하세요).

② 오른쪽 위 칸에는 '내가 아는 나'에만 표기한 단어의 개수를 정사각형으로 그려보세요.

③ 왼쪽 아래 칸에는 '남이 보는 나'에만 표기한 단어의 개수를 정사각형으로 그려보세요.

④ 오른쪽 아래 칸에는 '되고 싶은 나'에 표기한 단어의 개수를 정사각형으로 그려보세요.

	다른 사람이 아는 나	다른 사람이 몰랐던 나
내가 아는 나		

	다른 사람이 아는 나	다른 사람이 몰랐던 나
나는 몰랐던 나		

다 성격 강점 검사

● 성격 강점이란?

- 성격 강점은 사고, 정서 그리고 행동에 반영되어 있는 긍정적 특질을 의미함
- 마틴 셀리그만은 여섯 가지 미덕(지혜와 지식, 인간애, 용기, 절제, 정의, 초월)을 바탕으로 총 24개로 인간의 성격 강점을 분류함
- 성격 강점의 개발은 자아실현, 만족을 통해 행복한 삶으로 나아갈 수 있는 통로가 됨

● 지혜와 지식

- 창의성: 새롭고 참신한 아이디어가 많으며, 어떤 일을 독창적으로 해내는 능력
- 호기심: 다양한 현상에 대해서 강한 흥미와 관심을 지니며, 그것에 매혹되어 자세하게 탐색하고 추구하는 태도
- 개방성: 어떤 주제나 현상을 다양한 측면에서 냉철하고 합리적으로 생각하고 객관적으로 검토하는 능력
- 학구열: 새로운 지식이나 기술을 배우고 숙달하려는 강렬한 동기와 학구적 태도
- 예견력(지혜): 어떤 문제상황을 전체적인 관점에서 파악하고, 지혜로운 판단을 내리거나 최선의 해결책을 찾아내어 다른 사람에게 현명한 조언을 제공하는 능력

● 인간애

- 사랑: 다른 사람과의 친밀한 관계를 소중하게 여기고 실천하며, 깊이 있는 애정을 주고받는 능력
- 친절: 다른 사람에게 이타적인 도움을 베풀고 친절한 행동을 하려는 선한 동기와 실천능력
- 사회성: 다른 사람의 마음을 잘 포착하여 적절하게 행동하며, 다양한 대인관계 상황에 효과적으로 대응하는 사회적 능력

● 용기

- 용감성: 어떤 위험이나 난관에도 위축되지 않고 자신의 신념과 의지에 따라 용기있게 행동하는 능력
- 끈기: 근면하게 노력하여 시작한 일을 완성해 낼 뿐만 아니라 난관에 봉착하더라도 계획된 행동을 인내심 있게 지속하는 능력
- 진실성: 자신을 거짓 없이 드러내고 솔직하게 행동하며 자신의 감정과 행동에 책임을 지는 능력
- 열정: 어떤 일이든 활기차고 열정적으로 추진하는 의욕적이고 적극적인 태도

● 절제

- 용서: 잘못을 행한 사람을 너그럽게 용서하며, 그들에게 잘못을 회복할 기회를 주고 앙심을 품거나 보복하지 않는 관대한 태도
- 겸손: 자신의 장점이나 성취에 대해서 불필요하게 과장된 허세를 부리지 않고, 다른 사람의 주목을 구하지 않는 겸허한 태도
- 신중성: 조심스럽게 행동함으로써 불필요한 위험이나 후회할 일을 초래하지 않는 신중한 태도
- 자기조절: 다양한 충동, 욕구, 감정, 행동을 적절하게 조절하고 통제하는 능력

● 정의

- 시민정신(책임감): 집단이나 사회 속에서 자신에게 주어진 임무와 역할을 잘 인식하고 책임감 있게 행동하는 탁월한 능력과 자세
- 공정성: 개인적인 감정이나 편견에 휩쓸리지 않고 모든 사람을 동등하게 대하며, 공평한 기회를 부여하는 공정한 태도
- 리더십: 집단활동을 조직하고 효과적으로 지휘하며 관리하는 지도력

● 초월

- 감상력: 다양한 영역으로부터 아름다움과 탁월함을 섬세하게 인식하며 즐거움을 느끼는 뛰어난 심미적 감수성

- 감사: 자신의 삶 속에서 긍정적인 측면을 잘 알아차리고 다른 사람의 배려와 은덕을 잘 인식하여 감사함과 축복감을 느끼고 표현하는 능력과 태도
- 희망(낙관성): 미래를 긍정적으로 바라보고 희망 속에서 최선을 예상하며, 그것을 성취하기 위해 노력하는 낙관적 태도
- 유머감각: 웃고 장난치는 것을 좋아하며, 다른 사람에게 웃음을 선사할 뿐만 아니라 재미있는 측면을 잘 포착하여 유쾌한 즐거움으로 전환시키는 탁월한 능력
- 영성: 인생의 의미와 목적을 진지하게 추구하며 나름대로의 인생관이나 종교적 신념을 지니고 살아가려는 탁월한 종교적 태도

성격 강점 검사 활동(1) 성격 강점 검사

활동목표 나의 성격 강점을 알기 위해 성격 강점 검사를 해봅시다.

활동내용 다음의 문항을 읽고 나와 가장 가깝다고 생각되는 숫자에 ㅇ표기하세요. 단, 25번부터는 문항 척도가 매우 비슷하다(1점)~매우 다르다(5점)로 달라지는 것에 주의하세요.

문항	나와 매우 다르다	나와 다르다	보통이다	나와 비슷하다	나와 매우 비슷하다
1. 언제나 세상에 대해 호기심이 많다.	1	2	3	4	5
2. 새로운 것을 배울 때 전율을 느낀다.	1	2	3	4	5
3. 판단력이 필요한 주제가 있을 때면, 아주 이성적으로 사고한다.	1	2	3	4	5
4. 어떤 일을 하는 데 필요한 새로운 방법을 찾는 걸 좋아한다.	1	2	3	4	5
5. 어떤 성격의 단체에 가도 적응할 수 있다.	1	2	3	4	5
6. 항상 꼼꼼히 생각하고 더 큰 것을 볼 줄 안다.	1	2	3	4	5
7. 강력한 반대도 무릅쓰고 내 주장을 고수할 때가 많다.	1	2	3	4	5
8. 한번 시작한 일을 끝까지 해낸다.	1	2	3	4	5
9. 약속을 반드시 지킨다.	1	2	3	4	5
10. 자발적으로 이웃을 도와준다.	1	2	3	4	5
11. 본인의 기분과 행복 못지않게 내 기분과 행복에 관심을 기울이는 사람이 있다.	1	2	3	4	5
12. 어떤 단체에 가입하면 최선을 다한다.	1	2	3	4	5
13. 어떤 사람에게든 똑같이 대한다.	1	2	3	4	5
14. 일일이 참견하지 않고도 사람들이 단합해 일하도록 이끌어준다.	1	2	3	4	5
15. 내 정서를 다스릴 줄 안다.	1	2	3	4	5
16. 다칠 위험이 있는 일은 하지 않는다.	1	2	3	4	5
17. 다른 사람들이 나를 칭찬할 때면 슬그머니 화제를 돌린다.	1	2	3	4	5
18. 음악, 미술, 연극, 영화, 스포츠, 과학, 수학의 아름다움과 경이로움을 보고 전율한 적이 있다.	1	2	3	4	5
19. 아무리 하찮은 일이라도 항상 고맙다고 말한다.	1	2	3	4	5

문항	나와 매우 다르다	나와 다르다	보통이다	나와 비슷하다	나와 매우 비슷하다
20. 항상 긍정적인 면만 본다.	1	2	3	4	5
21. 삶의 목적이 뚜렷하다.	1	2	3	4	5
22. 과거의 것을 문제 삼지 않는다.	1	2	3	4	5
23. 되도록 일과 놀이를 잘 배합한다.	1	2	3	4	5
24. 무슨 일을 하든 전력투구한다.	1	2	3	4	5
25. 쉽게 싫증을 낸다.	1	2	3	4	5
26. 박물관이나 다른 교육적 장소에 한 번도 가본 적이 없다.	1	2	3	4	5
27. 성급하게 판단하는 경향이 있다.	1	2	3	4	5
28. 내 친구들은 대부분 나보다 상상력이 뛰어나다.	1	2	3	4	5
29. 다른 사람의 감정에 아주 둔하다.	1	2	3	4	5
30. 내게 조언을 구하러 오는 사람은 거의 없다.	1	2	3	4	5
31. 고통과 좌절 때문에 내 의지를 굽힐 때가 많다.	1	2	3	4	5
32. 일을 할 때면 딴전을 피운다.	1	2	3	4	5
33. 친구들은 내게 솔직히 말하는 법이 없다.	1	2	3	4	5
34. 다른 사람들의 행운을 내 일처럼 좋아한 적이 거의 없다.	1	2	3	4	5
35. 다른 사람들이 베푸는 사랑을 제대로 받아들이지 못한다.	1	2	3	4	5
36. 소속집단의 이익을 위해 내 개인적인 이익을 희생시킬 생각은 없다.	1	2	3	4	5
37. 내가 싫어하는 사람을 공정하게 대하기가 힘들다.	1	2	3	4	5
38. 단체활동을 조직하는 데는 소질이 없다.	1	2	3	4	5
39. 다이어트를 오래하지 못한다.	1	2	3	4	5
40. 나쁜 친구를 사귀거나 나쁜 사람을 만나는 경우가 있다.	1	2	3	4	5
41. 스스로 한 일을 추켜세우는 편이다.	1	2	3	4	5
42. 평소에 아름다움과는 전혀 무관하게 지낸다.	1	2	3	4	5
43. 내가 받은 은혜에 대해 거의 생각하지 않는다.	1	2	3	4	5
44. 내가 하고 싶은 일을 하기 위해 철저하게 계획한 적이 거의 없다.	1	2	3	4	5
45. 사명감이 없다.	1	2	3	4	5
46. 기어코 복수하려고 애쓴다.	1	2	3	4	5
47. 우스갯소리를 거의 할 줄 모른다.	1	2	3	4	5
48. 의기소침할 때가 많다.	1	2	3	4	5

마틴 셀리그만(2004). VIA 성격강점검사

성격 강점 검사 활동(2) 나의 성격 강점은?

활동목표 나의 대표 강점을 알아봅시다.

활동내용 활동 (1)의 검사 결과 각 번호의 점수를 더해서 해당 요인에 해당 점수를 적어보세요. 한 영역당 모든 요인의 점수를 다 적은 뒤 영역의 평균 점수를 계산해 보세요.

호기심 1번, 25번	학구열 2번, 26번	개방성 3번, 37번	창의성 4번, 28번	사회성 5번, 29번
예견력(지혜) 6번, 30번	용감성 7번, 31번	끈기 8번, 32번	진실성 9번, 33번	친절 10번, 34번
사랑 11번, 35번	시민정신(책임감) 12번, 36번	공정성 13번, 37번	리더십 14번, 38번	자기조절 15번, 39번
신중함 16번, 40번	겸손 17번, 41번	감상력 18번, 42번	감사 19번, 43번	희망(낙관성) 20번, 44번
영성 21번, 45번	용서 22번, 46번	유머 23번, 47번	열정 24번, 48번	

■ 해당 번호의 점수를 더해서 몇 점인지 작성해 보세요.

성격 강점	하위요인					평균점수
지혜 및 지식	창의성	호기심	개방성	학구열	예견력 (지혜)	
인간애	사랑	친절	사회성			
용기	용감성	끈기	진실성	열정		
절제	용서	겸손	신중함	자기조절		
정의	시민정신 (책임감)	공정성	리더십			
초월	감상력	감사	희망 (낙관성)	유머	영성	

성격 강점 검사 활동(3) 생각해 보기

활동목표 나의 성격 강점에 대해 생각을 정리해 봅시다.

활동내용 다음의 질문에 자신의 생각을 작성한 뒤, 팀원들과 이야기 나눠보세요.

■ 생각해 보기

1) 나의 성격 강점은 무엇인가요?

2) 성격 강점을 바탕으로 나의 강점을 생각해 보세요.

- 내 인생의 순간 중 기억에 남는 3가지 장면은 무엇인가요?

- 밤을 새워가며 해본 일, 남들보다 빨리 배웠던 일, 1년 이상 집중했던 일, 질리지 않았던 일이 있었다면 무엇인가요?

- 살면서 해본 일 중 가장 매력을 느꼈던 일은 무엇인가요?

- 가장 재미있게 들었던 수업은 어떤 주제에 관련된 것이었나요?

3) 내가 좋아하는 단어를 10개 적어보세요.

– 그중 자신에게 가장 어울리는 단어가 무엇인지 골라보고, 그 이유를 작성해 보세요.

4) 나의 장점에 대해 친구 또는 부모님께 물어보고 기록해 보세요.

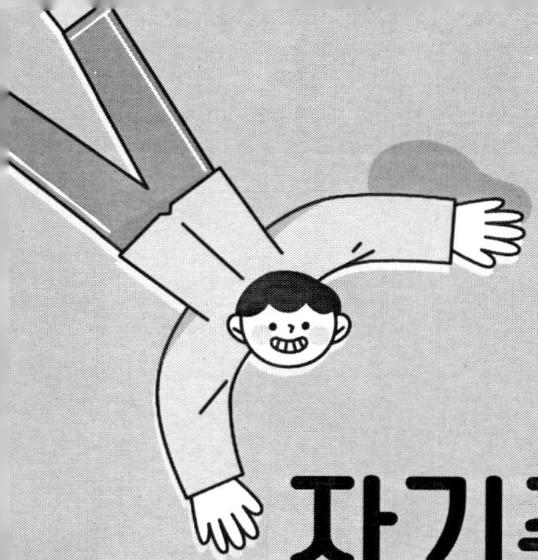

자기주도적 학습자 되기

03

CHAPTER

CONTENTS

03 CHAPTER 자기주도적 학습자 되기

가 학습동기

● 동기란?

- 동기는 인간을 특정 방향으로 움직이도록 만드는 에너지
- 동기는 활용성, 지향성, 지속성의 특성을 지님

동기의 특성

● 인간의 욕구

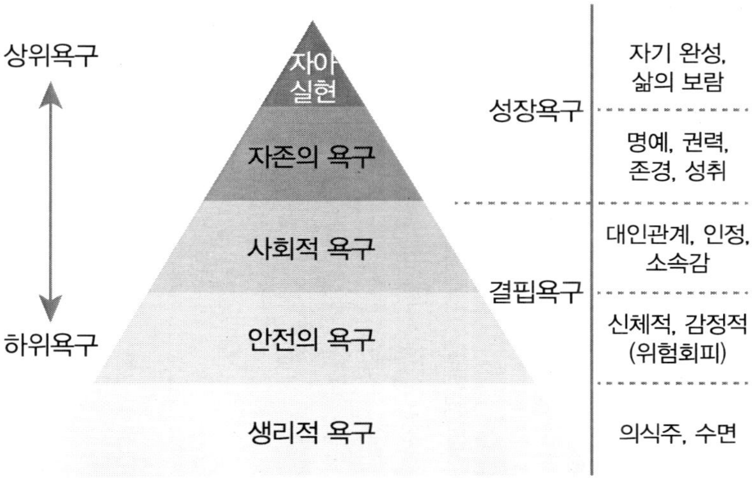

매슬로우(Maslow)의 요구위계이론(1954)

● 동기의 종류(활용성)

- 내적동기 : 주어진 과제를 하거나 활동하는 것 자체가 보상이 되는 동기
- 외적동기 : 외부로부터 보상을 얻으려는 것과 관련된 동기

● 실패를 극복하는 힘(지속성)

- 귀인이론(attribution theory)은 학습자가 자신의 성공과 실패를 설명하려는 동기에 대한 이론
- 인간이 가장 많이 귀인하는 요인은 자신의 능력, 노력, 과제의 난이도, 운의 4가지 요인임

		통제 소재 차원	
	구분	내적(개인)	외적(평가)
안정성 차원	안정적	능력	과제 난이도
	불안정적	노력	운

귀인이론의 차원

- 통제의 소재란 성공과 실패의 원인을 내부로 돌리느냐 외부로 돌리느냐의 차원으로, 원인을 자신의 노력이나 능력으로 돌리면 내적 요인으로 귀인한 것이며, 과제의 난이도나 행운과 같은 것으로 돌리면 외적 요인으로 귀인한 것임
- 안정성은 성공과 실패의 원인이 변할 수 있느냐 없느냐의 차원으로, 노력이나 운은 변할 수 있기 때문에 불안정하지만 능력이나 과제 난이도는 변할 수 없으므로 안정적임

● 자존감이란?

- 자기도식 : 지금까지 살아온 삶을 통해 획득한 자기 자신에 대한 논리적 신념 및 체계 또는 자신에 대한 일반화

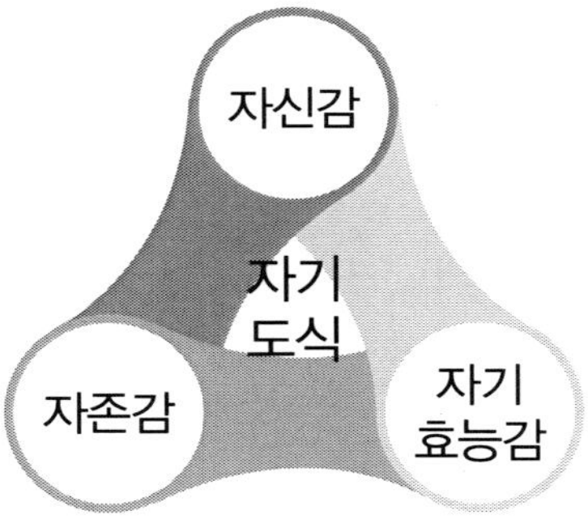

자기도식

- 자신감 : 자기 자신에 대한 믿음
- 자존감 : 자아개념에 대한 평가적 측면으로, 자신의 능력과 가치에 대한 전반적인 판단과 태도 그리고 이와 관련된 감정
- 자기효능감 : 특수한 과제에 대한 목표를 도달할 수 있는 자신의 능력에 대한 스스로의 평가
- 자존감을 향상시키기 위한 방법

자존감을 향상시키는 방법

● 동기 향상 방법

1. 도전적 과제를 선택하자!
2. 나의 수준에 맞는 과제를 선택하자!
3. 성취 경험을 획득하자!
4. 결과가 아닌 노력한 나를 칭찬하자!

동기 향상 방법

학습동기 활동(1) 공부하는 이유

활동목표 나의 공부하는 이유에 대해 알아봅시다.

활동내용 아래의 내용을 읽고 자신에게 해당되는 것에 모두 ○표기하세요.

- ☐ ❶ 부모님이 원하시니까
- ☐ ❷ 나중에 잘 살 위해
- ☐ ❸ 경쟁에서 이기기 위해
- ☐ ❹ 친구한테 인정받기 위해
- ☐ ❺ 훌륭한 사람이 되기 위해
- ☐ ❻ 내가 원하는 것을 이루는데 필요하니까
- ☐ ❼ 다른 사람에게 칭찬받기 위해
- ☐ ❽ 사는 데 도움이 되니까
- ☐ ❾ 해야만 하는 거니까
- ☐ ❿ 좋은 직장에 취업하기 위해서
- ☐ ⓫ 남들도 다 하니까
- ☐ ⓬ 돈을 많이 벌기 위해
- ☐ ⓭ 내 꿈을 이루는 데 필요하니까
- ☐ ⓮ 부모님께 혼날까 봐
- ☐ ⓯ 새로운 것을 배우는 것 자체가 종종 즐거우니까

■ 생각해 보기

자신을 위해 공부하는 이유	
남에게 보여주기 위해 공부하는 이유	
막연한 목표로 공부하는 이유	
목표 없이 공부하는 이유	

학습동기 활동(2) 나만의 성공경험 찾기

활동목표 나만의 성공경험을 찾아봅시다.

활동내용 아래의 내용을 읽고 자신의 경험을 작성해 보세요. 이때 성공 경험은 내가 목표를 정해 놓고 도달했던 모든 경험입니다.

■ 지금까지 대표적 성공경험 3가지를 작성해 보세요.

①

②

③

■ 생각해 보기

1) 성공하기 위해 어떠한 노력을 했나요?

2) 이 일을 더 잘하기 위해서 어떻게 해야 하나요?

3) 성공을 경험하고 어떤 점을 느꼈나요?

나 비전과 목표 수립

- 대학생의 비전과 목표 수립은 자신의 학문적, 전문적, 인간적인 발전을 위해 설정하는 중요한 과정으로, 이를 통해 대학생은 미래에 대한 비전을 가지고 명확한 목표를 향해 나아갈 수 있음
- 대학생의 비전과 목표 수립은 지속적으로 검토하고 수정해 나가는 것이 중요하고, 경험과 성장에 따라 목표를 조정하고 새로운 비전을 발견할 수 있으며, 이는 미래에 대한 방향을 제시하는 중요한 지침이 됨

● 비전의 원리

- 문서화의 원리 (비전 기록)
- 단순화의 원리 (비전을 간단한 말로 표현)
- 공유하는 원리 (함께 일하는 사람들에게 비전 제시)
- 동참의 원리 (사람들과 함께 비전 운영)
- 타이밍의 원리 (시기를 정해 놓음)
- 인내의 원리 (비전을 기다림)
- 믿음의 원리 (비전 성취의 믿음)

● 비전 정하기

- 그 자체로 즐겁고 의미 있는 일을 목표로 세울 것
  - 목표의 내용이 무엇인지에 따라 행복과 성공의 정도가 달라짐
- 목표는 구체적으로 세울 것
  - 구체적 목표를 세웠을 때 훨씬 달성률이 높음
- '하지 말자' 대신에 '하자'의 목표를 세울 것
  - '하자'의 목표는 접근의 목표
  - 목표를 적극적으로 추구하는 접근의 목표를 세우는 것이 행복한 사람의 특징
  - 비전은 자유롭고 창의적이되 분명한 목표의식을 가지고 구체적으로 기술하며 그에 대한 성찰과정 역시 포함되어야 함

● 목표 설정의 단계

- 단계 1 : 목표 분명히 하기
  - 목표는 현재 나의 위치와 내가 가야 할 방향을 알려주는 내비게이션 역할
- 단계 2 : 목표 정하기
  - 목표를 제대로 정하는 것이 목표설정과 계획 수립에서 매우 중요함
- 단계 3 : 점검 및 평가하기
  - 목표를 실천하는 과정 중에서 지속적인 점검과 수정이 이루어져야 함

● 목표 수립의 5가지 원칙(SMART)

- Specific : 구체적인가?
- Measurable : 목표행동이 명확한가?
- Action–oriented : 구체적인 행동으로 표현되어 있는가?
- Realistic : 적절한 수준인가?
- Time framed : 목표달성시간이 구체적으로 표현되어 있는가?

Tip **성공적인 목표 달성**

- 목표의 가치를 점검한다.
- 자신의 신념을 분석한다.
- 진행과정을 평가한다.
- 방해물을 제거한다.
- 계획을 세운다.
- 날마다 목표를 위해 행동한다.
- 날마다 목표를 시각화한다.
- 목표를 달성할 때까지 꾸준히 한다.

● SWOT 분석이란?

- 정의 : SWOT는 Strength(강점), Weakness(약점), Opportunities(기회), Threats(위협)의 합성어로 SWOT를 이용하여 문제를 분석하는 것
- 개념 : 강점과 약점 등 내부환경 분석을 통해 나의 상황(경쟁자와 비교하여)을 파

악하고, 나를 둘러싼 기회요인과 위협요인 등 자신을 제외한 외부환경을 분석하는 도구

- 작성 순서 : 외부환경(목적을 결정하는 데 가치있는 intelligence information을 기술) → 나의 상황

● SWOT 분석 방법

환경파악 단계

- S : 내부환경이라고 할 수 있는 자신에 대한 강점을 열거
  - 예) 어린 나이, 넘쳐흐르는 자신감, 밝고 건강한 인상, 모든 것에 대한 긍정적인 사고, 타고난 경쟁심, 시작한 일의 끝을 보는 인내력, 경영학 전공
- W : 다음은 자신의 약점을 열거
  - 예) 체력이 약함, 평범한 토익점수, 자격증 미비, 다소 낮은 학점, 정보망의 부족
- O : 외부환경 중 현재 나에게 기회가 되는 부분 열거
  - 예) 경험 많은 실무형 인재 중시, 도움이 되는 인맥, 대기업 채용 확대, 마케팅이 중요시 되고 있음
- T : 외부환경 중 나에게 위협이 되는 요소를 열거
  - 예) 높은 취업 경쟁률, 변화에 대한 불안감

전략수립 단계

- (S-O) 강점을 가지고 기회를 살리는 대안

예) 젊은 나이로 기회가 상대적으로 많다. 밝고 건강한 인상과 시작한 일을 끝을 보는 인내심은 마케팅 부서에서 적합한 인재상이다.

- (S-T) 강점을 가지고 위협을 회피할 수 있는 대안

예) 높은 경쟁률에 대한 긍정적인 사고를 가졌다. 경쟁심과 인내력으로 자기 위치를 확실히 하여 불안감을 해소한다.

- (W-O) 약점을 보완하여 기회를 살릴 수 있는 대안

예) 기업이 원하는 어학 수준과 자격증을 갖춘다. 군대 내에서 형성된 인맥과 주변의 인맥을 통해서 많은 정보를 습득한다.

- (W–T) 약점을 보완하여 위협을 극복할 수 있는 대안
  예) 자격증을 갖추어 무한경쟁에서 살아남는다.
- 위 대안을 종합하여 자신에게 필요한 계획 수립
  예) 틈틈이 토익공부 및 회화 공부, 자격증을 우선적으로 준비, 제대 후 복학 시 학점관리, 경영에 관한 지식 습득 등
- SWOT 분석표를 활용한 전략 도출 예시

내부요인 / 외부요인	강점(Strength)	약점(Weakness)
	밝고 건강한 인상, 인내력, 긍정적	평범한 토익점수, 부족한 대화능력
기회(O)	S–O 전략 기회를 살리기 위해 강점 이용	W–O 전략 약점을 보완하여 기회 살림
동아리활동, 학내외 다양한 프로그램	밝고 건강한 인상과 인내심은 OO분야를 지원하는 데 강점으로 작용할 것이고, OO분야 관련 동아리, 학내프로그램 OOO, 공모전 등에 참여하겠다.	외국어 공부를 통해 실무 회화능력 올려야겠다.
위협(T)	S–T 전략 강점을 이용하여 위협 피함	W–T 전략 약점을 보완해서 위협 극복
취업 경쟁률, 변화에 대한 불안	높은 경쟁률에 대한 긍정적인 사고를 가지고 변화에 유연하게 대응한다.	면접 스터디를 통해 긴장감을 최소화해서 취업난을 극복한다.

● 사명선언문 작성

- 사명선언문은 이루고 싶은 일에 관한 광범위하고 일반적인 진술
  – 내 속에 깊이 파묻혀 있는 강점을 어떻게 표현할 수 있을까?
  – 어떻게 하면 나의 재능을 꽃피우고 나의 능력을 드러내서 인류에 공헌할 수 있을까?
  – 신체적, 정신적, 사회적, 영적인 나의 모든 욕구를 무엇으로 통합할 수 있는가?
  – 어떻게 하면 비전의 원리를 바탕으로 하여 나의 진가를 이끌어내고 드러낼 수 있겠는가?
  – 삶 속에서 나의 모든 역할을 성취하려면 어떻게 해야 할까?

비전과 목표수립 활동(1) 나만의 비전 갖기

활동목표 내가 이루고자 하는 비전을 만들어 봅시다.

활동내용 자유롭고 창의적이되 분명한 목표의식을 가지고 비전을 구체적으로 써 볼 수 있도록 다음 내용을 작성해 보세요.

1. 내가 아는 사람 중에 행복해 보이는 사람이 있다면 그 사람의 이름을 적고, 행복해 보이는 이유를 적어보자.	2. 내가 가장 부러워하는 사람들은 어떤 사람들인지, 부러운 이유도 함께 적어보자.
3. 내가 일을 하지 않아도 좋을 만큼 여유가 있고 원하는 것을 모두 할 수 있다고 가정하자. 이때 내가 하고 싶은 일은 무엇이 있을지 써보자.	4. 내가 그 일들을 하고 싶은 이유는 무엇인가?
5. 내가 가장 큰 행복과 만족을 느끼는 순간들은 언제인가?	6. 내가 하고 있는 일 중에서 가장 가치있는 일은 무엇인가?

7. 나의 비전 정하기

- 나는 무엇을 갖고 싶은가?

- 나는 어떤 일을 하고 싶은가?

- 나는 어떤 사람이 되고 싶은가?

8. 내가 되고 싶은 사람이 되기 위하여

- 지금 당장 시작해야 하는 것은 무엇인가?

- 지금 당장 그만두어야 할 것은 무엇인가?

- 앞으로도 계속 해야 할 것은 무엇인가?

비전과 목표수립 활동(2) SWOT 분석

활동목표 SWOT 분석으로 나의 생애전략을 도출해 봅시다.

활동내용 SWOT 분석의 결과로 얻은 것 중 핵심적인 SWOT를 대상으로 하여 전략을 도출하고, 도출된 전략 중 중점전략을 선정하여 작성한다.

1) SWOT 작성

나의 꿈, 진로 목표 :

	강점(Strength)	약점(Weakness)
내부환경 (나의 상황)		
	기회(Opportunity)	위협(Threat)
외부환경 (나를 둘러싼 환경)		

2) 4가지 실천전략 작성

– 강점(S), 약점(W), 기회(O), 위협(T)은 위(SWOT 작성)에서 작성한 내용을 옮겨 적는다.

내부요인 / 외부요인	강점(S)	약점(W)
기회(O)	S – O 전략 기회를 살리기 위해 강점을 이용	W – O 전략 약점을 보완하여 기회를 살림
위협(T)	S – T 전략 강점을 이용하여 위협을 피함	W – T 전략 약점을 보완해서 위협을 극복

비전과 목표수립 활동(3) 사명선언문 작성

활동목표 내 인생의 사명선언문을 작성해 봅시다.

활동내용 지금 이 순간, 당신이 만들려고 하는 사명이 가치관, 시대의식, 당신의 꿈과 일치하는지, 그런 세상을 만드는 것이 과연 당신의 인생의 소원인지 다시 한 번 다짐을 해보고 아래의 내용을 작성하세요.

▷ 사명선언문 작성 예시

나의 사명은

유쾌하고 따뜻한 내용의 영화를 만들어 밝은 세상을 만드는 것이다.

나는 이 사명을 완수하기 위해서 내가 잘하는 것인

- 사람들의 마음을 파악하는 능력
- 무엇이든지 해내고 말겠다는 의지력
- 예술적인 감각들을 이용하고 더욱 키워 나갈 것이다.

나는 이 사명을 완수하기 위해서 더욱 노력할 것은

- 좀 더 많은 지식을 갖기 위해서 독서를 많이 하는 것
- 사람들에게 즐거움과 행복을 주는 것들이 무엇인지 연구하는 것
- 항상 내 주변을 따뜻하게 만들려고 하는 것들이다.

나 OOO 는 꾸준한 노력 으로 나의 사명을 꼭 이룩할 것이다.

나의 사명은

나는 이 사명을 완수하기 위해서 내가 잘하는 것인

나는 이 사명을 완수하기 위해서 더욱 노력할 것은

나 ________ 는 ____________________ 으로 나의 사명을 꼭 이룩할 것이다.

다 시간관리 전략

- 시간을 능률적으로 사용하는 사람들의 공통된 특징은 바로 업무 우선순위를 쉽고 정확하게 결정한다는 점임
- '시간관리 매트릭스'는 우선순위를 정하는 데 가장 많이 활용되는 도구이며, 중요함과 긴급함 두 요소로 업무의 우선순위를 구분해 판단함
- 시간관리 매트릭스
  - 1사분면 : 급하고도 중요한 일을 수행하는 영역 – 위기 사항
  - 2사분면 : 급하지 않지만 중요한 일을 수행하는 영역 – 준비 영역
  - 3사분면 : 급하지만 중요하지 않은 일을 수행하는 영역 – 속임수의 영역
  - 4사분면 : 급하지도 중요하지도 않은 일을 수행하는 영역 – 낭비, 도피의 영역

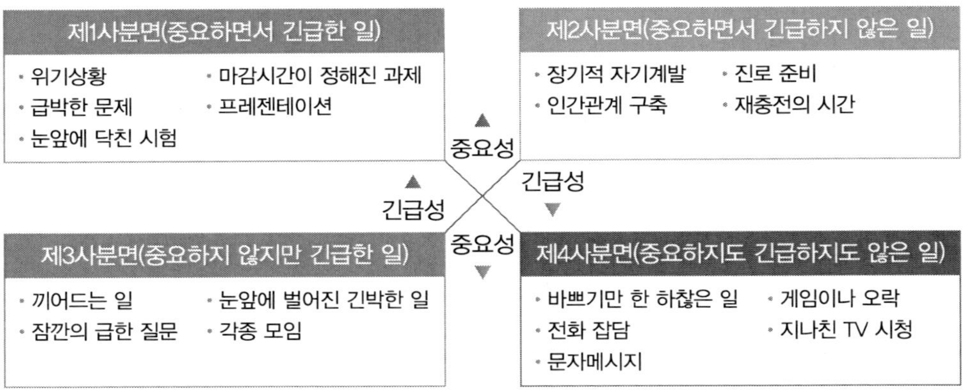

● 시간의 우선순위를 정하는 방법

- 하루 중 처리하고 싶은 일 모두 기록
- 다른 사람에게 부탁할 수 있는 일이 있는지 찾아서 부탁함
- 일정표에 해야 할 일을 구체적인 시간과 함께 적음
- 예상되는 시간과 난이도에 따라 상, 중, 하를 정함
- 시간의 흐름에 따라 집중력에 차이가 있다는 것을 염두에 두고 하루 중 각각 일을 처리할 구체적인 시간을 배정함

- 완료하지 못한 일은 다음 날로 넘기고, 하루에 처리할 수 있는 분량인지 합리적으로 판단하여 현실적인 계획을 수립함

● 계획 세우기

- 계획은 어떻게?
  - 자신에 대한 냉철한 판단
  - 구체적인 계획 수립
  - 계획의 우선순위 정함
  - 할 일을 미루지 않음

- 능률적인 계획을 세우기 위한 7가지 원칙
  ① 학습계획은 학습 분량 단위로 세운다.
  ② 구체적인 계획을 세운다.
  ③ 정해진 시간에 평가와 계획을 점검하는 습관을 들인다.
  ④ 실천 가능한 목표를 세운다.
  ⑤ 만약의 사태를 염두에 둔다.
  ⑥ 융통성과 불변성을 겸비한다.
  ⑦ 취약과목과 주요과목을 중심으로 우선순위를 정한다.

- 계획 세우기
  - 학기 단위표(한 학기 달력) 작성
  - 일상 활동 계획표 작성

- 구체적이고 효율적인 계획표 작성
  - 결승점 정하기 : 명확한 학습목표 수립
  - 목표 실현을 위해 현재 자신에게 필요한 학습량을 확인
  - 시험까지 날짜별로 짜여진 일정표를 구체적으로 작성
  - 완성된 계획표를 확인한 후 필요시 재조정

Tip **성공적인 계획 수립**

- 시간 계획의 기본 규칙
  - 계획한 업무목표는 일과시간의 60%만 설정
  - 나머지 20%는 예상치 못한 업무와 그 밖의 20%는 즉흥적인 활동과 창조적 시간으로 대기
- 우선순위를 정해 일을 줄이고, 남에게 맡길 수 있는 건 적극 맡김
- 처리하지 못한 일은 다음날의 일과표에 집어 넣을 것
  - 다음날로 넘기기에 마음에 큰 부담이 될 경우
  - 다음을 굳게 먹고 시작하여 완전히 처리해 버릴 것
  - 과감하게 리스트에서 삭제할 것
- 계획표 작성순서 : 고정시간 체크(기상, 취침, 식사, 강의, 아르바이트, 과제, 동아리활동 등) ⇒ 가용시간 파악 ⇒ 학습 목표시간 확정 ⇒ 학습 우선순위 확정(교과목, 교재 등) ⇒ 시간 배분
- 시간관리 목록에 수면, 수업, 휴식, 식사, 독서, 공부, 잡담, 통화, 이동 등 하루 일과의 모든 내용을 최대한 상세히 기록
- 공부를 기준으로 해야 할 일들의 우선순위를 정하기
  - 일주일 단위로 중기, 단기 계획 점검
  - 일주일간 계획했던 것의 80% 이상을 실천했다면 실천사항 추가
  - 만약 50% 이하라면 계획을 전면 재정립

시간관리 전략 활동(1) 우선순위 정하기

활동목표 시간의 우선순위를 구분해 봅시다.

활동내용 해야 할 일은 많은데 시간이 한정되어 있을 때, 일의 중요도, 긴급도 등을 고려하여 우선순위를 정해 보세요.

소희는 최근 TV에서 하는 간호사가 나오는 OO 드라마를 보고 간호에 대한 꿈을 키웠고 이제는 원하는 대학의 간호학과에 입학하게 되었습니다. 병원에서 환자의 생명을 구하는 일이 소희의 가슴을 설레게 합니다. 그래서 소희는 OO 드라마가 하는 날에는 과제도 미루고 TV 앞에만 있습니다. 오늘도 그 드라마를 하는 날인데, 내일까지 제출해야 하는 프로젝트도 있고, 내일 모레는 시험도 있습니다. 한 달 동안 세 권의 책을 읽어서 기록해야 하는 독후감 제출이 다음 주인데, 그동안 한 권의 책도 읽지 못했습니다.

그리고 지난주에 다른 대학에 다니고 있는 고등학교 단짝 친구 승연이가 부탁한 자료를 오늘까지 메일로 전송하기로 했습니다. 좋은 병원에 간호사로 취업하기 위해서는 공부를 잘해야 한다는 것도 너무나 잘 아는 소희는 미래의 모습을 상상하며 드라마도 보고 싶고, 교수님이 내주신 과제도 모두 잘 하고 싶고, 좋은 학점을 받고 싶습니다. 또 친구와의 약속도 시간 맞추어 지키고 싶습니다.

하지만 시간이 별로 없다는 것을 안 소희는 과연 무엇을 먼저 해서 자신이 하고 싶은 것을 다 할 수 있을지 고민 중입니다. 과연 소희는 무엇을 먼저 해야 할까요?

제1사분면 (중요하면서 긴급한 일)	제2사분면 (중요하지만 긴급하지 않은 일)
제3사분면 (중요하지 않지만 긴급한 일)	**제4사분면 (중요하지도 긴급하지도 않은 일)**

• 이번 주에 해야 할 일을 모두 적어보고 적은 내용을 보며 우선순위를 정해 보세요.

영역	할 일	실행 가능성	우선순위
개인생활			
가정생활			
학교생활			
사회생활			

시간관리 전략 활동(2) 계획 수립

활동목표 내가 해야 할 일들에 대한 계획을 수립해 봅시다.

활동내용 나의 시간 사용 패턴을 분석하고, 활용할 수 있는 시간을 고려하여 계획을 작성해 보세요.

1) 시간 사용 분석

Step 1 : 고정 사용 시간(일간)

활동 내용	사용 시간	활동 내용	사용 시간
수면			
식사			
휴식 및 개인 활동(세면 등 기타)			

• 총 일간 고정 사용 시간 (시간)

Step 2 : 고정 사용 시간(주간)

요일	활동 내용 및 사용 시간
일	
월	
화	
수	
목	
금	
토	

• 총 주간 고정 사용 시간 (시간)

2) 계획 수립

Step 1 : 학기 일정표 작성

2024학년도 1학기		
	내용	비고
3월	–	
4월	– 중간고사(4/22–26)	
5월	–	
6월	– 기말고사(6/17–21)	

Step 2 : 주간 일정(1)

2024년 월 일				
이번 주 할 일				
요 일	할 일	평 가		
		○	△	×
일요일				
월요일				
화요일				
수요일				
목요일				
금요일				
토요일				

Step 3 : 주간 일정(2)

- 계획표 작성순서: 고정시간 체크(기상, 취침, 식사, 강의, 아르바이트, 과제, 동아리 등) ⇒ 가용시간 파악 ⇒ 학습 목표시간 확정 ⇒ 학습 우선순위 확정(교과목, 교재 등) ⇒ 시간 배분

시간	일	월	화	수	목	금	토
	월 일	월 일	월 일	월 일	월 일	월 일	월 일
오전 6시							
오전 7시							
오전 8시							
오전 9시							
오전 10시							
오전 11시							
오전 12시							
오후 1시							
오후 2시							
오후 3시							
오후 4시							
오후 5시							
오후 6시							
오후 7시							
오후 8시							
오후 9시							
오후 10시							
오후 11시							
오후 12시							
오전 1시							
가용시간							

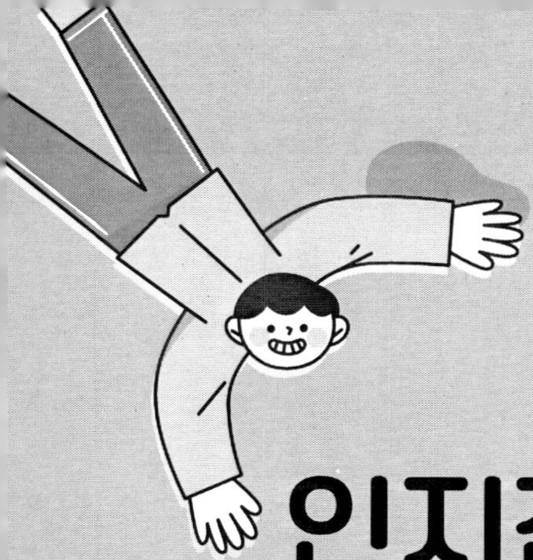

인지전략

04
CHAPTER

CONTENTS

CHAPTER

04 인지전략

가 주의집중 전략

● 정보처리이론

- 정보처리이론은 인간의 인지과정과 정보처리과정을 비유한 이론
- 컴퓨터의 정보처리과정인 '입력-연산' 그리고 '기억-출력'의 과정과 인간의 인지능력 및 학습능력을 연관 지어 이해하는 이론

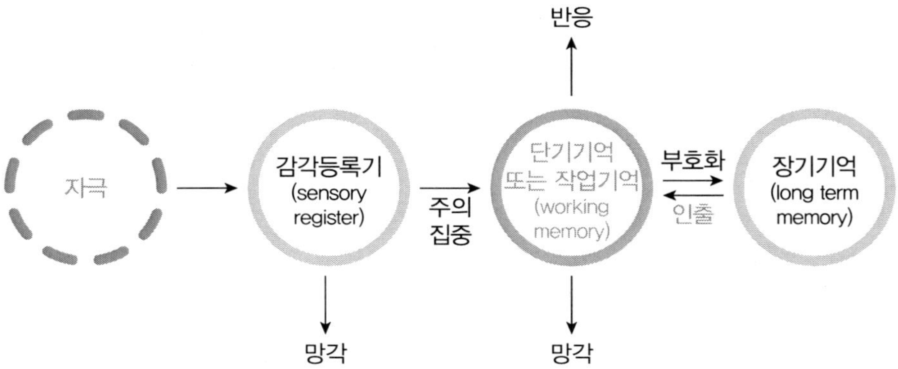

인간의 정보처리과정

- 위 그림과 같이, 오감을 통해 인식된 정보는 감각등록기로 들어갔다가 주의집중의 과정을 통해 단기기억으로 넘어감
- 단기기억에서 한 번에 주의를 기울일 수 있는 정보는 7±2의 덩어리이며, 20초

이내로 학습의 첫 과정이기 때문에 학습자의 호기심과 흥미를 불러일으키는 것이 중요함

- 단기기억에 저장된 정보를 장기기억으로 넘기기 위해서는 '부호화'의 과정이 필요함
- 장기기억에 저장된 정보를 출력할 때는 반복과 코딩을 통해 학습하며, 적절한 실마리를 통해 기억할 수 있도록 훈련할 필요가 있음

● 다양한 주의집중 전략

- 마인드 컨트롤: 주의집중이 잘 되지 않을 때, 주어진 목표나 해야 하는 과업에 집중하기 위해 스스로 마음을 다잡는 방법
- 잔상훈련: 작은 점 하나를 찍어 1분간 점을 응시하고, 1분이 지난 뒤에 눈을 감고 잔상을 떠올려 보는 훈련으로, 점을 보는 그 순간만큼은 다른 생각하지 않고 점에만 집중해 정서를 환기시키는 방법
- 시험상황 만들기: 공부를 시작할 때 스톱워치를 켜서 딴 생각하지 않고 집중하는 시간을 측정해 본 뒤, 평균치를 기준으로 타이머를 설정하여 타이머가 울릴 때까지는 집중을 유지하는 훈련으로, 평균 시간 동안 집중이 잘 유지되면 5분씩 시간을 늘려 스스로 집중시간을 관리하는 방법
- 글자찾기: 집중이 잘되지 않고 텍스트에 접근하기 어려울 때, 영어 알파벳이나 한글 단어를 하나 지정하고 이를 찾아가며 텍스트에 접근하는 방법

주의집중 전략 활동(1) 주의력 검사

활동목표 나의 주의력 정도를 측정해 봅시다.

활동내용 아래의 문항을 읽고 자신에게 해당되는 것에 체크하세요. 전체를 체크한 뒤에 점수를 합산해 주세요.

문항	전혀 그렇지 않다	대체로 그렇지 않다	대체로 그렇다	항상 그렇다
1. 학업 중에 세심한 주의를 기울이지 못하거나, 부주의한 실수를 잘한다.	1	2	3	4
2. 과제수행이나 놀이 중 지속적인 주의집중에 어려움을 자주 겪는다.	1	2	3	4
3. 대놓고 이야기하는데도 듣지 않는 것처럼 보일 때가 자주 있다.	1	2	3	4
4. 지시에 따라 하지 않고, 학업이나 심부름을 끝내지 못하는 수가 자주 있다.	1	2	3	4
5. 과제나 활동을 체계적으로 조직하는 것에 곤란을 자주 겪는다.	1	2	3	4
6. 지속적으로 정신을 쏟아야 하는 일을 자주 피하거나, 싫어하거나, 혹은 거부한다.	1	2	3	4
7. 과제나 활동에 필요한 것을 자주 잃어버린다(과제, 펜, 교재 등).	1	2	3	4
8. 외부에서 자극이 오면 쉽게 주의가 산만해진다.	1	2	3	4
9. 일상적인 일을 자주 잊어버린다.	1	2	3	4
10. 나이에 비해 어리게 행동한다.	1	2	3	4
11. 가만히 앉아 있지 못하고 지나치게 많이 움직인다.	1	2	3	4
12. 공상을 하거나 멍하게 자기 생각에 빠진다.	1	2	3	4
13. 하고 싶은 일이 있으면 참지 못한다.	1	2	3	4
14. 쉽게 흥분한다.	1	2	3	4
15. 책상에 앉아 있어도 집중하는 시간이 짧다.	1	2	3	4
전체 합산 점수				

■ 채점 기준	
0~20점	평소 좋아하고 집중이 잘 되는 수행과 좋아하지 않아도 꼭 해야 한다고 생각하는 수행 모두 집중이 잘 유지되는 상태
21~40점	평소 좋아하고 집중이 잘 되는 수행에는 집중이 잘 되지만, 하기 싫거나 해야 하는 수행에 집중이 잘 되지 않는 상태
41~60점	꼭 해야 하는 것은 물론, 평소 좋아하는 것에도 잘 집중이 되지 않는 상태

■ **나의 주의 집중력 정도는 어떠한가요?**

–

–

–

주의집중 전략 활동(2) 고정관념 깨기

활동목표 고정관념 깨기 활동을 통해 주의집중력이 학습의 속도에 미치는 영향을 살펴봅시다.

활동내용 2분 동안 아래의 문제들을 풀어보세요. 단, +는 나누기, ×는 빼기, /는 더하기, −는 곱하기를 각각 의미합니다.

■ **아래의 문제들을 풀어보세요.**

4 + 2 =	9 × 2 =	10 / 2 =
2 / 1 =	6 / 2 =	4 × 2 =
7 − 3 =	7 × 2 =	5 × 3 =
8 + 2 =	4 − 2 =	8 / 2 =
8 × 3 =	8 + 4 =	4 + 2 =
5 − 4 =	10 + 5 =	10 + 2 =
6 / 3 =	6 × 3 =	3 × 2 =
4 / 2 =	12 × 1 =	10 − 2 =
9 / 3 =	8 − 2 =	7 − 2 =
6 − 3 =	3 − 2 =	10 × 2 =
8 / 4 =	12 + 2 =	7 + 1 =
9 + 3 =	6 + 3 =	7 + 3 =

■ **원래 부호대로 풀 때와, 다른 부호로 바꿔서 풀 때, 어떤 차이가 있었는지 생각해 보고, 그 의미에 대해 이야기 나누어 보세요.**

주의집중 전략 활동(3) 글자찾기

활동목표 글자찾기 활동을 통해 주의집중 훈련을 해봅시다.

활동내용 아래의 제시문에서 지시하는 글자를 찾아보세요.

■ **이 중 알파벳 'F'는 몇 개인가요?**

FINISHED FILES ARE THE RE-SULT OF YEARS OF SCIENTIF-IC
STUDY COMBINED WITH THE EXPERIENCE OF YEARS.

■ **이 중 글자 '이'는 몇 개인가요?**

우리 집에 햄스터 한 마리가 이사를 왔습니다. 우리는 그에게 '렐루'라는 멋진 이름을 선사했습니다. '할렐루야'라는 말 아시죠? 거기에서 가운데 두 글자만 따서 '렐루'라고 지었습니다. 귀여운 우리 딸이 지었답니다. 오자마자 렐루는 신나게 아양을 떨었고 우리는 아낌없이 사랑을 했습니다.
"주인님, 너무 행복해요. 이 집에 온 게 너무 좋아요."
렐루는 마치 이렇게 말하는 눈빛이었습니다. 새까만 눈동자, 예쁜 털, 해바라기 씨를 까먹는 두 손과 입의 모양…… 대단히 환상적입니다.

■ **두 글자를 조합하여 단어를 만들어 보세요.**

사	가	위	미	보	부	고	곡	장	랑	고
구	쿠	라	방	탕	발	국	면	터	리	모
조	료	닭	주	밝	다	리	피	커	키	스
위	험	공	충	망	치	취	창	시	서	삼
경	만	숙	만	불	생	물	견	개	알	맹
꽁	지	옹	새	마	수	정	박	아	업	차
술	역	기	원	요	찻	밀	비	잔	어	분

나 기억 전략과 기억활용 전략

● 다양한 기억 전략

- 기억력은 지식과 기술을 다루는 학습에서 반드시 필요한 능력임
- 범주화: 비슷한 것끼리 묶어서 기억하는 방법
- 청킹(Chunking): 개별적인 자극을 덩어리로 묶어 이해하는 방법
- 두운법: 기억할 것의 첫 글자를 합쳐서 기억하는 방법
- 노래법: 친숙한 노래나 리듬을 사용하여 기억하는 방법

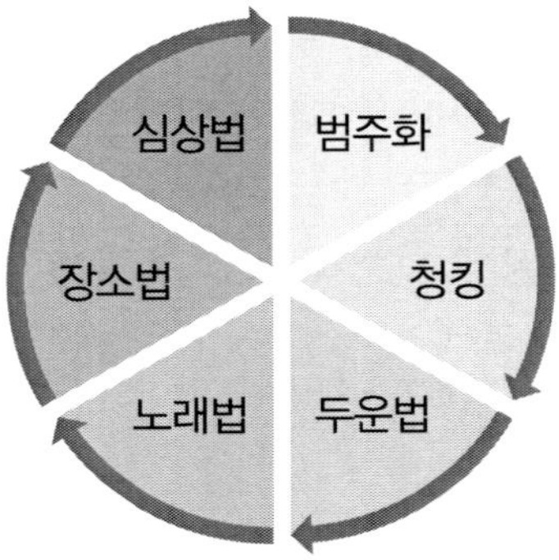

기억 전략

- 장소법: 자기 자신에게 익숙한 장소를 떠올리면서 기억하는 방법
- 심상법: 기억해야 하는 내용을 머릿속에 그려보는 방법

● 다양한 기억활용 전략

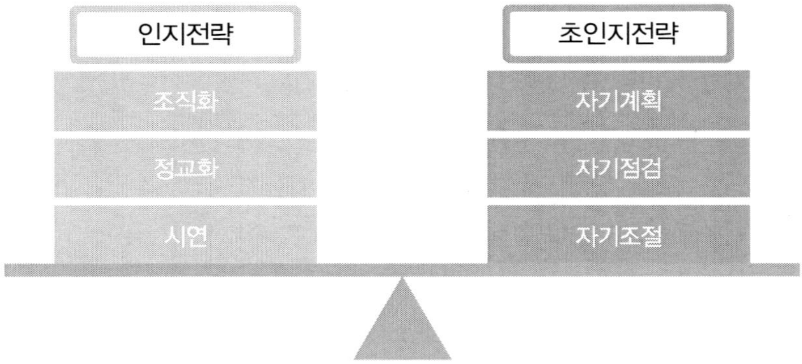

기억활용 전략

- 조직화: 중요한 개념을 중심으로 내용을 분석하고 이들 간의 관계를 추론하는 방법(예: 개념지도)

- 정교화: 읽어야 하는 자료를 서로 연관 지어 효과적으로 읽는 방법(예: 요약하기)
- 시연: 학습해야 하는 자료를 반복해서 학습하는 방법(예: 복습하기)
- 초인지전략: 어떤 학습전략을 사용할지 계획하고, 스스로 이해 정도를 확인하고 학습방법과 틀린 부분을 수정하여 학습수준을 향상하는 방법(예: SQRW)

기억 전략과 기억활용 전략 활동(1) 기억력 점검하기

활동목표 현재 나의 기억력을 점검해 봅시다.

활동내용 아래의 내용을 읽고 작성해 보세요.

■ 평소 자신의 기억방법에 대해 적어보세요.

–

–

–

■ 다음 제시되는 내용들을 평소에 암기하듯 1분 동안 외워보세요.

1) 앞에서 암기했던 것 중에서 생각나는 것을 적어보세요.

2) 몇 개를 기억할 수 있었나요?

3) 위의 내용을 어떤 식으로 암기했나요?

–

–

기억 전략과 기억활용 전략 활동(2) 범주화로 기억하기

활동목표 범주화(분류하기)의 방법을 활용하여 기억해 봅시다.

활동내용 아래의 내용을 읽고 작성해 보세요.

■ **다음 제시되는 내용들을 범주화의 방법을 통해 1분 동안 외워보세요.**

1) 앞에서 암기했던 것 중에서 생각나는 것을 적어보세요.

2) 몇 개를 기억할 수 있었나요?

3) 이전에 기억했던 개수와 얼마나 차이가 있나요?

–

–

메타인지전략

05
CHAPTER

CONTENTS

05
CHAPTER

메타인지전략

가 학습성찰 및 예습 · 복습

● 성찰의 의미

- 일상생활의 경험에서 생각과 감정의 변화를 겪으며 그 의미를 깨닫는 과정
- 자신의 잘못된 생각이나 행동에 대한 뉘우침
- 마음의 상태나 움직임을 진지하게 들여다보는 것
- 열정적으로 알고자 하는 자세를 가지고 자기를 점검하는 태도
- 많은 것을 사고함으로써 정신적 불편함 야기, 새로운 지식이 내게 얼마나 유용한지 판단해야 하는 과정(Dewey, 1997)

● 학습에서의 '성찰'의 의미

- 학습과정의 모든 상황과 경험에 대해 학습자 스스로 반성하며 깊이 살피는 행위인 성찰적 사고(reflective thought)
  - 학습자가 새로운 지식을 습득하여 적용함에 있어 학습자 스스로가 사고하는 지적 · 감성적 활동의 전체
  - 문제 상황을 비판적으로 인식하는 것
  - 주어진 문제 상황을 본인의 지식과 경험을 토대로 해결, 보완 계획 수립
- 자기주도적 학습을 위한 실천적 방안
  - 자기 모니터링, 자신에 대한 통제, 조정, 자기점검, 자기평가 등
  - 자기 자신을 객관적으로 바라보고 평가하게 함

– 과거 수업에서의 경험과 지식, 이에 대한 현재 상황의 아이디어, 미래의 나의 다짐 및 행위에 대한 성찰을 통해 자기주도적 학습역량 향상의 기회 제공

● 성찰과 학습

- 사고 과정을 통해 기존의 지식들을 재구성하는 데 필요한 사고 활동
- 학습 성과 및 학습 역량 향상을 위한 요소
- 자신의 학습을 판단할 수 있는 능력
- 학습에 대해 분석 및 평가(메타인지적 능력 함양 가능)

● 학습 성찰을 위한 질문

- 수업 내용 성찰: 새로운 내용들을 되짚어 살펴보는 활동
  - 이번 학습을 통해 무엇을 배웠나?
  - 수업시간에 어려웠던 내용은 무엇이었나?
  - 배운 내용을 적용할 수 있는 것은 무엇인가?
- 수업 방법 성찰: 새로운 내용을 익히는 과정에서 활용한 방법들을 되짚어 살펴보는 활동
  - 학습이 어떤 과정으로 이루어졌는가?
  - 오늘 학습과정을 통해 무엇을 느꼈나?
- 자신에 대한 성찰: 학습 내용과 과정의 통합적 점검, 잘못된 점의 수정, 이후 활동에 대한 다짐, 계획, 목표 등의 수립
  - 오늘 학습에서 나의 부족한 부분은 무엇인가?
  - 앞으로 내가 더 알고 싶은 내용을 무엇인가?

● 예습의 중요성

- 이해하기 어려운 과목일수록 예술은 필수적임
- 자기주도학습을 가능하게 하여 수업 참여의 질과 더불어 학습능력을 높일 수 있음
- 다음과 같은 이점이 있음

- 학습내용에 대한 사전 지식을 확보하여 수업 중 이해도 향상 가능
- 미리 준비된 자세로 적극적인 수업 참여 가능
- 교수자와의 상호작용 촉진
- 반복적인 정보 습득으로 기억력 강화 가능
- 예습을 위한 시간 계획 수립과 학습 과정 조절로 자기주도성 강화
- 전반적인 학습 성과 향상

● 효과적인 예습을 위한 방법

- 강의계획서를 샅샅이 살펴보기: 전체 커리큘럼에 대한 큰 그림을 가지고 어떤 내용이 다루어질지 확인
- 교재 미리 읽기: 시간이 있다면 교재를 미리 읽어보는 것을 추천, 시간이 없다면 강의자료라도 한번 훑어보기
- 온라인 자원 활용: 해당 주제와 관련된 온라인 강의나 동영상을 시청하여 기본 개념 습득
- 핵심 개념 정리: 교재의 목차를 중심으로 핵심 개념이나 주요 용어를 간략하게 정리
- 질문 목록 작성: 예습하면서 이해되지 않거나 궁금한 점에 관한 질문을 정리하고, 수업시간에 이 질문에 대한 답을 찾으면서 강의를 듣거나 교수 또는 동료 학생에게 질문하기

■ **예습을 위한 읽기**

미리보기를 통해 텍스트와 수업 내용에 대한 개략적인 정보 습득이 목적

- 훑어보기
  - 각 장(chapter)의 도입문 읽기
  - 굵은 글씨체나 기울림체로 쓰여진 제목과 부제 읽기
  - 삽화, 사진, 그림 보기
  - 각 장 뒤에 나오는 마무리 내용, 퀴즈 등을 확인

사전 훑어보기를 통해 자신에게 친숙한 개념, 사실, 아이디어들 탐색

새롭게 입수되는 정보와 자신의 사전 지식 또는 배경 지식과 연결하는 것이 중요!

- 윤곽 잡기
  - 교재의 구조를 이해하는 것이 목적
  - 각 개념 간의 관계 파악을 위하여 자유로운 형식으로 표현
    - 목록화, 마인드맵(mind map), 개념 지도(concept map), 정리노트 작성, 색상 활용, 키워드 및 문장 요약

- 문제 제기
  - 능동적인 읽기로 자신이 알고 싶은 내용이 무엇인지 정리
  - 수업에서 답을 얻고자 하는 목적 소유

● 복습이란?

- 학습한 내용을 자신의 것으로 위하여 학습내용을 반복하는 것
- 복습이 중요한 이유
  - 주기적으로 반복하여 정보를 상기시키면 장기 기억에 오래 남으므로 기억 강화
  - 반복적인 학습을 통해 개념이나 이론에 대한 깊이 있는 이해 가능
  - 자신이 얼마나 잘 이해하고 있는 평가하는 기회 제공
  - 복습을 통해 학습한 내용을 효과적으로 반복하며 시험에 대비 가능
  - 자신의 학습능력을 강화하므로 자신감 향상

● 효과적인 복습을 위한 방법

- 주기적인 일정에 따라 복습 스케줄 생성하기
- 학습한 내용을 간결하게 정리 및 핵심 개념 요약하기
- 학습한 내용과 관련된 문제를 해결해 보는 실전 연습하기
- 멀티미디어 자료 활용으로 다양한 감각을 사용하여 학습하기
- 반복적인 연습을 위한 플래시 카드 사용하기
- 그룹 스터디에 참여하여 학습한 내용에 대한 다양한 시각과 의견 공유하기

■ **복습의 4원칙**

- 1원칙: 이해한 것과 이해하지 못한 것의 구분
  - 이해했다고 오해하지 말기
  - 오늘 배운 내용의 키워드 혹은 목차만 보고 말로 설명해 보기
  - 설명을 못하는 경우, 교재나 노트 필기를 보고 이해할 수 있도록 학습하기

- 2원칙: 외워야 할 것과 외우지 않아도 될 것의 구분
  - 배운 내용의 개념 정리가 선행되어야 함
  - 상위개념과 하위개념과의 관계에서 상위개념의 단위에서 암기
  - 상위개념과 관련된 키워드를 연결하며 정보 저장
  - 하위개념에만 집중하면 중요한 정보를 처리하지 못한 채 불필요한 암기를 하게 됨

- 3원칙: 암기한 것과 암기하지 못한 것의 구분
  - 학습한 내용이 기억 속에 저장되어 있는지 점검하는 시스템 필요
  - 연속 복습을 통해 점검했을 때 기억할 수 있다면 암기한 것으로 간주, 복습과정에 제외
  - 이미 알고 있는 것을 제외하고 명확하지 않은 개념을 학습하는 데 시간 투자 필요

- 4원칙: 별도의 암기시간 배정
  - 이해하다 보면 저절로 기억되겠지 하는 태도는 지양하기
  - 기억나지 않으면 의미가 없는 것으로 암기학습도 중요한 학습방법임
  - 골든타임: 어려운 문제나 한번에 이해하기 어려운 복잡한 내용을 해결하기 위해 별도로 시간을 배정하여 학습하는 것
  - 실버타임: 간단한 내용, 단어 등을 자투리 시간을 활용하여 학습하는 것

● 에빙하우스의 망각곡선

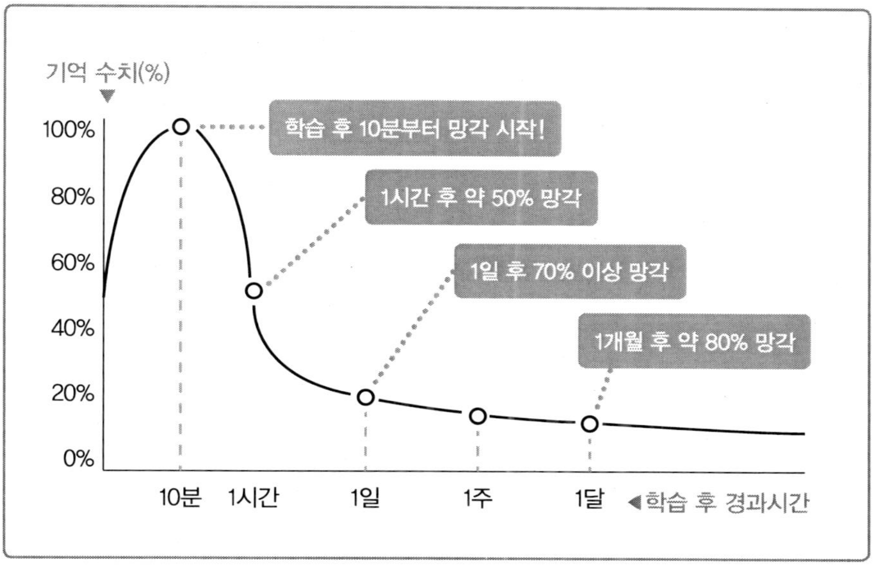

- 시간이 흐름에 따라 정보를 어떻게 얼마나 잊게 되는지를 시각적으로 보여주는 모델
- 학습 초기에 정보를 매우 빠르게 잊어버리지만, 일정한 반복 학습을 통해 기억의 지속시간을 늘릴 수 있음을 보여줌
- 에빙하우스의 망각곡선을 학습에 적용하면,
  - 주기적인 복습을 위한 효율적인 학습 계획 수립 필요
  - 효율적인 복습 전략 개발 가능
  - 학습의 즐거움 및 자기효능감 소유

학습성찰 및 예습 · 복습 활동(1) 자기성찰 수업평가

활동목표 나 자신의 수업 태도가 어떠했는지 확인해 봅시다.

활동내용 다음의 자기성찰 수업평가 검사를 실시해 보고, 나의 태도가 어떠했는지, 앞으로 어떤 태도가 필요한지 생각해 보세요.

자기성찰 수업평가 문항	YES	NO
1. 나는 수업 전에 오늘 학습할 수업주제와 학습내용을 미리 살펴보았다.	□	□
2. 나는 수업시간 학습활동에 열심히 참여했다.	□	□
3. 나는 수업이 끝날 때마다 오늘의 학습 내용을 살펴봤다.	□	□
4. 나는 학습전략(예습, 복습, 글쓰기 연습, 독서방법 등)을 통해 본 교과목을 공부했다.	□	□
5. 나는 수업내용에 대한 궁금한 점이 생기면 언제든지 교수님께 질문했다.	□	□
6. 나는 발표나 과제 후에 교수님의 피드백을 받고자 노력했다.	□	□
7. 나는 다른 학생들과 협동학습(토론 포함)이 있을 시 적극적으로 참여했다.	□	□
8. 나는 이 과목의 전반적인 개념과 원리를 이해했다.	□	□
9. 나는 이 과목에서 학습한 개념들을 응용할 수 있다.	□	□
10. 나는 이 수업을 통하여 배우고자 한 것(지식, 기술, 역량 등)을 성취할 수 있었다.	□	□
11. 나는 수업계획서에 제시된 평가 및 평가기준을 확인하여, 이 과목의 평가를 준비했다.	□	□
12. 나는 이 과목에서 나의 학습 태도에 대해 전반적으로 만족한다.	□	□

대학생 자기성찰 수업평가도구(이성아, 2015)

학습성찰 및 예습 · 복습 활동(2) 성찰일지 작성하기

활동목표 오늘 나의 학습활동에 대해서 성찰해 봅시다.

활동내용 오늘 학습 활동에 대하여 다음의 성찰일지를 작성해 보고, 팀원과 함께 공유해 보세요.

학번		이름	
이번 학습을 통해 무엇을 배웠나요?			
수업에서 어려웠던 내용은 무엇이었나요?			
수업시간에 어려웠던 내용은 무엇이었나요?			
오늘 학습에서 나의 부족한 부분은 무엇이었나요?			

앞으로 내가 더 알고 싶은 내용은 무엇인가요?

배운 내용을 어떻게 적용해 볼 수 있나요?

이 수업을 통해 무엇을 느꼈나요?

기타 느낀 점을 자유롭게 작성하세요.

학습성찰 및 예습 · 복습 활동(3) 예습 연습하기

활동목표 예습 활동을 연습해 봅시다.

활동내용 자신이 수강하는 교과 중 하나를 선택하여 다음의 내용을 작성해 보고, 팀원과 예습활동의 장점을 이야기해 보세요.

학번		이름	
교재 목차 및 주요 내용			
주요 용어 및 핵심 개념			
질문 목록			

참고 자료

복습 계획

학습성찰 및 예습 · 복습 활동(4) 예습을 위한 윤곽 잡기 연습하기

활동목표 교재의 내용을 파악하는 연습을 해봅시다.

활동내용 다음의 내용을 읽고, 주요 개념과 내용을 정리하는 윤곽을 만들어보고 팀원과 공유하여 비교해 보세요.

스토리텔링은 주로 교수 · 학습 활동에 다양하게 활용되어 왔으며 최근에는 홍보나 공공 캠페인과 같은 효과적인 의사소통의 수단으로 활용되고 있다. 이야기는 어떤 특정의시간과 공간에서 특정한 인물들이 일련의 사건을 수행하는 과정을 말로 나타낸 것으로, 그 자체로서 세상을 이해하고 조직하며 공유하는 것이다(박인기, 2013; 허희옥, 2006). 스토리텔링이란 구체적 상황에서 잘 짜인 스토리를 구체적인 감각을 통해 구체적인 대상에게 감동적으로 전달하는 서사적인 기술이라고 할 수 있다(류은영, 2009). 이러한 스토리텔링을 수업에 활용하기 위해서는 서사의 내용, 구조 등 눈으로 볼 수 있는 것은 물론 보이지 않는 측면에서도 얼마나 다채롭게 변용될 수 있는지 이해하여야 하며, 스토리를 구현하는 매체와 그 결과로 얻게 되는 효과 등을 연관시킬 수 있어야 한다(박인기, 2013).

대학 글쓰기 교재에 나타난 창의성에 대한 연구에 의하면(김문희, 2015), 대학 글쓰기 교재에서 사용되는 창의적인 스토리텔링 소재는기존의 사고나 결과물보다 새롭거나 독창적이며, 상상력을 드러내는 사고 작용과 활동을 하도록 도와준다고 한다. 참신성, 독창성, 상상력의 향상을 위하여, 익숙한 것을 낯설게 보기, 다른 관점과 다른 시각에서 생각하기, 새롭게 바라보기, 고정관념에서 벗어나기, 연상 훈련, 브레인스토밍, 스캠퍼, 사물의 관련성 찾기 등의 방법을 사용할 수 있다고 주장하였다. 따라서, 스토리텔링 소재를 활용한 팀 기반 수업에서 이루어지는 글쓰기와 토론 등의 다양한 활동을 통해 확산적 사고, 글의 전후 혹은 등장 인물들 간의 관련성 탐색이나 유추 등의 방법을 적용하여 대학 교양교육에서 창의성 향상을 꾀할 수 있을 것으로 기대된다.

스토리텔링을 활용한 창의성 교육은, 이야기를 작성하여 서로 공유하는 과정에서 학습자의 상상력을 자극하며 학습자에게 학습 동기를 부여하고 흥미를 유발하여 학습에 필요한 몰입과 적극적인 참여를 유도하고, 학습과정 속에서 비판적 사고와 학습 전략 등에도 영향을 준다(Clothier, 2003; Ellis & Brewster,1991, Tuan, Chin & Sheih, 2005). 또 제시된 이야기 속에서 사실을 이해하는 수준을 넘어 공감과 상상, 감성을 자극할 수 있게 되고, 감정이입을 경험함으로써 몰입과 참여, 이해와 기억 등에 도움을 줄 수 있다. 학습자들은 상대방의 생각과 감정, 그가 처한 상황에 대한 인식과 적극적인 공감을 하게 되어 상대의 입장을 이해하고, 나아가 그 과정에서 공감한 것을 내면화하는 역량을 길러주게 된다(김동훈, 2015; 박소화, 2012). 이상의 내용을 정리해 보면, 스토리텔링 활용한 수업은 이야기를 전달하는 과정에서 흥미와 공감을 일으키며 상상력을 자극하고 적극적으로 상황에 참여하고 몰입하도록 하여 이해, 기억, 의사소통 및 표현능력 향상에 효과적이며, 창의적 사고와 비판적 사고, 의사결정 능력 등 높은 수준의 사고력이 복합적으로 작용하는 인지적, 정의적 활동이라 할 수 있다(김현우, 2018; 박소화, 2012; Ellis & Brewster, 1991; Vygotsky, 2013).

교육에서 옛날 이야기 혹은 동화와 같은 스토리텔링 소재들은 다음과 같은 특성을 가진다(김정섭, 강승희, 강순희, 2006). 첫째, 일반적으로 이야기 속에 포함되는 갈등 상황에서 독자는 자연스럽게 문제해결 방법을 스스로 설정해보게 되고, 이야기 속의 주인공과자신을 동일시하여 함께 새로운 해결 방법을 탐색하는 과정을 가지게 된다. 둘째, 스토리텔링은 독자가 확산적 사고를 할 수 있도록 유도한다. 셋째, 스토리텔링은 인간의 삶에 의미와 가치를 부여하는 기능을 담당한다. 넷째, 창조의 근원이며 원동력인 상상의 세계에서 새로운 사고와 정서를 유발하는 힘을 경험하게 된다. 다섯째, 스토리텔링은 독자의 추상적인 개념 발달에 긍정적인 영향을 주며, 사물에 대한 관점, 생각, 느낌을 풍부하게 한다. 여섯째, 스토리텔링은 간접경험을 통해 풍부한 배경지식의 습득과 현실에 대한 다양한 시각으로 인하여 독자의 가치관 형성에도 영향을 미친다.

언어의 이해와 표현 과정에서 보다 창조적으로 의미를 구성하고 확장하는 능력을 언어적 창의성이라고 정의한다면(이주섭 · 이경화, 2004), 스토리텔링을 통해 언어적 창의성을 향상시키고 나아가 일반적 의미의 창의성도 계발할 수 있다는 뜻이다(김동훈, 2015).

창의성의 하위 요소인 유창성, 융통성, 독창성 등과 언어적 창의성과의 상관 관계에 대해 살펴보면 다음과 같이 정리할 수 있다. 첫째, 스토리텔링 교육 에서 특정 단어나 속담, 또는 흥미로운 일화를 제시하고 그와 관련되는 아이디어를 가능한 많이 도출하도록 하는 활동은 유창성을 함양하는 데 도움이 될 수 있다. 둘째, 효과적인 표현에 대한 연습을 위하여 앞뒤가 맞지 않는 말을 사용하고, 비유를 만들어 보게 하는 활동 등은 융통성을 계발하는데 도움이 된다. 셋째, 스토리텔링 교육에서 활용되는 다양한 사고력들 간의 상호작용을 통하여 기존 이야기 속에 주어진 교훈과 가치를 넘어 새로운 의미를 구성해가는 활동을 통해 독창성을 기르고 나아가 통합적 사고력의 계발에 기여하게 된다(김동환, 2015; 이주섭 · 이경화, 2004).

발췌: 김현우(2021). 프로젝트기반 스토리텔링 활용 교양교과의 창의성 연구. 창의력교육연구, 21(1), 93-108.

주제	
키워드	
한 문장 요약	
질문	

학습성찰 및 예습 · 복습 활동(5) 복습 계획하기

활동목표 복습활동을 계획해 봅시다.

활동내용 자신이 수강하는 교과 중 하나를 선택하여 다음의 내용을 작성해 보고, 팀원과 복습의 장점을 이야기해 보세요.

주차		단원명	

주제 정리 및 요약

학습한 각 주제에 대한 간결한 요약문 작성 / 각 요약문은 핵심 개념과 용어 포함

자가 평가 및 피드백

질문 목록

복습 일정 및 계획 수립

복습 방법 계획

그룹 스터디 / 플래시 카드 만들기 / 연습문제 풀기 등 복습을 위한 특정 활동 방법을 계획

나 고차적 사고력 개발

● 창의적 사고력

• 창의성이란?

– 창의성이란 새롭고 신기한 것을 낳는 힘(Guilford, 1959)

– 창의성이란 하나의 새로운 결과를 야기하는 행동의 출현이며, 그것은 그 개인의 특성과 그 개인을 둘러싼 사건, 사람, 자료, 자기의 생활사 중 어떤 상황 등에서 생성되는 과정(Rogers, 1962)

– 창의성이란 곤란한 문제를 인식하고 그것을 해결하기 위하여 아이디어를 내고, 가설을 세우고 검증하며, 그 결과를 전달하는 과정(Torrance, 1977)

• 창의성의 구성요소

– 유창성: 특정한 상황에서 가능한 많은 양의 아이디어나 해결책을 산출해 내느냐 하는 아이디어의 풍부함과 관련된 양적인 능력

– 융통성: 고정적인 관점, 시각, 사고방식 자체의 틀을 깨고 변환시켜 다양하고 광범위한 아이디어나 해결책을 산출해 내는 능력

– 독창성: 유연한 사고에서 진전하여 자기만의 독특한 아이디어를 산출하는 능력

– 정교성: 처음 제안된 아이디어를 다듬어 발전시켜 표현하는 능력

• 창의적 문제해결방법

– 확산적 사고기법: 브레인스토밍, 스캠퍼 기법(SCAMPER method), 트리즈(TRIZ)의 40가지 발명 원리 등

■ 브레인스토밍(brainstorming)

- 'brain(두뇌)'과 'storm(폭풍)'의 합성어로, 문제 해결의 단계 중 빠른 시간에 많은 아이디어를 낸다는 것에 역점을 둔 아이디어 발상법
- 브레인스토밍을 활용하여 제한된 시간 안에 많은 아이디어를 도출하려면 다음과 같은 네 가지 규칙을 잘 준수해야 함
  ① 질보다 양 : 아이디어의 질보다 양을 더 중시하여 일정 시간 동안 가능한 한 많은 아이디어를 제안하도록 장려
  ② 비판 금지 : 비판은 참가자들을 위축시킴으로써 창의적인 아이디어 제안을 어렵게 만듦
  ③ 자유분방 : 때로는 엉뚱한 아이디어가 창의적인 아이디어의 출발점이 될 수 있음. 따라서 다소 허황되고 비현실적인 아이디어라 하더라도 자유롭게 제안하도록 장려해야 함
  ④ 결합과 개선 : 다른 사람의 아이디어를 발전시키면 새로운 아이디어를 만들어낼 수 있음

■ 스캠퍼(SCAMPER)

구분	사고형태	주요내용
S	Substitute(대체하기)	어떤 것을 대신 사용할 수 있을까?
C	Combine(결합하기)	유사한 것끼리 결합하면 어떨까?
A	Adapt(응용하기)	조건이나 목적에 맞게 수정할 수는 없을까?
M	Modify–Magnify–Minify (수정–확대–축소하기)	색, 모양, 형태 등을 크게, 강하게, 작게, 가볍게 바꿀 수는 없을까?
P	Put to other uses(용도 변경하기)	다른 용도로 사용할 수 없을까?
E	Eliminate(제거하기)	제거할 수는 없을까?
R	Rearrange–Reverse (재배치하기–거꾸로하기)	형식, 순서, 구성을 바꾸거나 거꾸로 할 순 없을까?

■ 트리즈(TRIZ)

- 트리즈(TRIZ)는 겐리히 알트슐러(Genrich S. Altshuller)가 특허 분석을 기반으로 개발한 '창의적 문제해결 이론(Theory of solving inventive problem solving)이란 뜻의 러시아어(Teoriya Resheniya Izobreatatelskikh Zadatch)의 머리글자임
- 트리즈는 창조적 공학설계를 위한 가장 진보적이고 체계적인 기법들을 통합한 실용적인 문제해결 기법이며, 정량적이고 비전형적인 문제들을 해결하기 위한 기법
- 트리즈에서 문제 해결을 위한 3단계 절차
  ① 모순 발견
    - 트리즈는 문제를 일으키는 근본 원인으로, 기술적 모순은 40가지 발명원리를 이용해 해결하도록 하고, 물리적 모순은 시간, 공간, 전체와 부분의 분리에 의해 해결하도록 함

② 최적 자원을 활용

- 자원(Resource) : 모순을 해결하고 이상적인 해결안을 달성에 필요한 자원

③ 이상해결책 제시.

- 이상해결책(IFR, Ideal Final Result, 이상적인 최종 결과) : 문제를 해결되었을 때 가장 이상적인 모습을 의미함

– 수렴적 사고기법: 하이라이팅(highlighting) 기법, PMI(Plus, Minus, Interesting) 기법, 평가 행렬법(evaluation matrix) 등

■ **하이라이팅(highlighting) 기법**

- 하이라이팅 기법은 여러 가지의 대안들을 기본적인 몇 개의 범주로 압축하여 분류하기 위한 수렴적 사고 도구
- 이 기법은 먼저 직관에 따라 유망해 보이는 대안들을 확인해 내고 이들 대안들 간 관계를 기초로 하여 어떤 공통적인 주제 영역으로 조직화하고, 이렇게 조직화된 체계에 명칭을 붙임
- 구체적인 단계

① Hits(대안들 가운데서 가장 그럴듯해 보이는 대안) 탐색

② 서로 관련되어 있는 것 같이 보이는 Hits 유목화

③ Hotspots(어떤 구체적인 이슈나 주제를 중심으로 묶음한 Hits 결집) 발견 및 분류

④ Hotspots 재진술

■ **PMI 기법**

- 이 방법은 DeBono(1973)가 고안한 것으로 특정한 대상의 긍정적인 면과 부정적인 면을 각각 기록한 다음 이들 각각에 대한 나름대로의 판단에 의해 이익이 되는 점을 찾는 기법
- 이 기법은 동시에 여러 가지 요인들이 혼합되어 작용하는 사고의 상황에서 하나씩의 단계를 거쳐 보다 냉철한 판단아래 사고를 전개시킬 수 있음

– P(plus) : 아이디어에 대한 좋은 점(왜 그것을 좋아하는가?)

– M(minus) : 아이디어에 대한 나쁜 점(왜 그것을 좋아하지 않는가?)

– I(interest) : 아이디에 관해 발견된 흥미

■ **평가행렬법(evaluation matrix)**

- 하이라이팅 된 대안들을 평가할 때나 생성된 대안이나 행위 계획을 위한 대안들을 평가할 때 활용
- 평가해야 할 대안들을 세로로 적고, 가로의 상단에는 평가의 준거를 제시하는 평가 행렬 표를 작성
- 대안을 평가할 때 사용할 적절한 평정척도 제시

● 비판적 사고력

- 비판적 사고력이란?
  - 주어진 정보의 의견을 그대로 받아들이는 것이 아니라 정확성, 엄밀성, 명료성, 논리성 등의 기준에 의해 더 나은 정보와 의견을 체계적으로 확인해 나가는 능력
  - 학습활동을 전개하는 과정에서 주어진 학습자료에 대해 일련의 질문을 던지고 이에 대한 답을 찾는 활동을 통해 개발
  - 비판적 사고는 어떤 주제나 주장 등에 대해서 적극적으로 분석하고 종합하며 평가하는 능동적인 사고
- 비판적 사고를 하는 사람의 특징(de Bono, 1985)
  - 생각하는 데 익숙함
  - 자신의 생각을 조절할 수 있음
  - 사고의 목적을 분명히 알고 있음
  - 여러 아이디어 도출을 좋아하고 문제해결 도전을 선호함
  - 생각은 훈련으로 향상시킬 수 있는 기술로 여김
  - 결론을 성급하게 내리지 않음
- 비판적 사고의 필요성
  - 다양한 정보와 지식 중에서 무엇을 선택할 것인가에 대한 판단 능력의 발달
  - 어떤 행동을 하기 전에 자신의 결정을 충분히 점검하는 능력의 발전
  - 자신의 생각을 논리적으로 표현하고 타인을 효과적으로 설득하는 데 도움
  - 주체적으로 자신의 일상을 영위하고 사회에 참여하는 데 반드시 필요
- 비판적 사고 바르게 알기
  - 비난과 비판적 사고는 다름 : 비판적 사고는 더욱 합리적이고 신뢰할 수 있는 결론을 얻어내기 위한 적극적인 이해와 판단의 과정으로 타인이나 다른 의견을 헐뜯거나 부정적으로 바라보는 것을 의미하지는 않음
  - 반성적 사고로서의 비판적 사고 : 비판적 사고의 적용이 외부의 대상이나 의견에만 국한되는 것은 아니며, 오히려 자신의 습관적인 행위, 판단, 고정관념 등을 되돌아보고 개선하는 것이야말로 비판적 사고의 출발점

– 학습에서의 비판적 사고 : 비판적 사고를 이끌어내는 학습은 스스로 생각하여 의미를 발견해 나가는 능동적 학습을 유도하며, 학습내용에 대한 보다 깊은 이해와 새로운 의견을 가질 수 있도록 하는 데 도움

■ 비판적 사고 연습

- 비판적 독서 : 지식을 창조하는 비판적 독자 되기
  - 읽은 내용을 그대로 믿지 않을 것
  - 책을 평가하기 전에 그 책이 어떤 종류의 책인지를 충분히 생각할 것
  - 저자가 누구를 대상으로 쓰고 있는지 생각할 것
  - 저자가 책을 쓴 목적과 그것의 달성 정도를 생각할 것
  - 책 내용의 영향과 문체 스타일의 영향을 분리해 생각할 것
  - 토론과 논쟁 부분을 분석하고, 저자의 주장과 그 근거를 잘 살필 것
  - 모순된 정보나 일관되지 못한 부분은 없는지 자세히 살필 것
  - 인용된 데이터를 다른 저자의 자료에서 찾아 비교해 볼 것
  - 주관적인 서술과 객관적인 서술을 구분할 것
- TV 토론 활용
  - 최신의 사회적 이슈를 다루는 TV 토론을 통해 비교적 쉽게 비판적 사고에 접근할 수 있음. 또한 쟁점이 뚜렷하고 주제에 대한 다양한 견해를 비교해 볼 수 있기 때문에 좋은 소재가 됨
- 관점 바꿔가며 토론해 보기
  - 한 가지 관점만이 아니라 여러 가지 입장에서 생각하고 토론을 함으로써 각 관점의 전제, 문제점, 한계 등을 새로운 각도에서 바라보고 사고의 폭을 넓힐 수 있음

● 비판적인 사고를 위한 질문 기법(WRAITEC)

W(what) : 무슨 의미인가?

R(reason) : 결론, 주장의 목적이나 이유는?

A(assumption) : 핵심적, 또는 숨겨진 가정은?

I(inference & implication) : 어떤 추론을 하고 있으며 말의 함축된 의미는?

T(true) : 말하고 있는 것이 정말 참인가?

E(evidence & example) : 주장을 뒷받침하고 있는 증거나 예는?

C(counterevidence & counterexample) : 주장에 대한 다른 반대 증거나 반례는?

고차적 사고력 개발 활동(1) 브레인스토밍

활동목표 브레인스토밍을 사용하여 창의적 발상을 해봅시다.

활동내용 다음 주제를 잘 생각해 보고 브레인스토밍의 진행규칙을 생각하면서 정해진 시간에 최대한 아이디어들을 적어보세요.

○ 다 쓴 일회용 종이컵을 활용하는 방법을 최대한 많이 써보시오(10분).

1.	26.
2.	27.
3.	28.
4.	29.
5.	30.
6.	31.
7.	32.
8.	33.
9.	34.
10.	35.
11.	36.
12.	37.

13.	38.
14.	39.
15.	40.
16.	41.
17.	42.
18.	43.
19.	44.
20.	45.
21.	46.
22.	47.
23.	48.
24.	49.
25.	50.

고차적 사고력 개발 활동(2) 논증 분석

활동목표 비판적 사고의 기초인 논증의 구성요소를 탐색해 봅시다.

활동내용 제시한 글에서 논증의 구성요소를 찾아 아래의 내용을 완성하세요.

[제시글]

대마초의 사용은 합법적으로 사용되는 다른 약물, 예컨대 알코올이나 담배보다 더 유해하지 않기 때문에 합법화되어야 한다. 현재 세계 각국에서는 대마초를 합법화하는 나라가 점점 늘어나고 있다. 인간을 해악으로부터 보호하는 것이 법의 목적이기 때문에, 대마초의 사용을 금지하는 법이 있어야 할 이유가 없다.

[논증 분석 예시]

결론	– 대마초의 사용이 합법화되어야 한다.
이유	– 대마초는 합법적으로 사용되는 다른 약물들 예컨대 알코올과 담배보다 덜 해롭다. – 법의 목적은 우리를 해악으로부터 보호하는 것이다. – 세계 각국에서는 대마초를 합법화하는 나라가 점점 늘어나고 있다.
중간결론	– 대마초의 사용을 금지하는 법이 있어야 할 이유가 없다.
가정	– 알코올과 담배의 해악은 그 사용을 불법화하는 일을 정당화하는 데 충분하지 않다. – 대마초의 사용은 (그다지) 해롭지 않다.
도덕적 원리	– 이 글은 해악이라는 도덕 개념 그리고 행위는 그것이 우리들에게 해를 끼칠 때에만 불법화되어야 한다는 도덕원리에 의존하고 있다. – 대마초의 사용과 알코올과 담배의 사용이 명료하게 비교되고 있다.

[제시글]

어른들은 현대 사회를 위험하다고 여기기 때문에 어린이들을 과잉보호하는 경향이 있다. 드글은 이런 유혹을 뿌리쳐야 하는데, 의도하는 것과는 반대의 효과가 나타나기 때문이다. 보통 차를 타고 다니는 어린아이들은 스스로 도로 안전에 대해 학습할 기회가 거의 없으며, 그들이 길을 건너야 할 필요가 있을 때 더 큰 위험에 빠질 지도 모른다. 우리는 또한 어린아이들이 세상의 위험에 대해 배우기 위해서 실수할 자유가 필요하다는 사실을 기억해야 한다.

[논증 분석]

결론	
이유	
중간결론	
가정	
도덕적 원리	

성공적인 학습을 위한 전략

06
CHAPTER

CONTENTS

06 CHAPTER 성공적인 학습을 위한 전략

가 노트정리 전략

● 노트정리의 이점

- 정보의 체계적인 정리와 구조화가 가능하고 이는 정보를 오랫동안 기억할 수 있게 함
- 수업 혹은 학습 중에 주의를 집중시키는 데 도움이 됨
- 개별 학습자의 스타일에 맞게 학습자료를 생성할 기회를 제공함
- 스스로 자신이 이해하고 있는 부분과 잘 이해하지 못하고 있는 부분을 파악하여 효율적인 시간 관리와 학습 목표 설정이 가능함
- 노트정리로 만든 자료는 복습과 시험 대비에 유용하게 활용할 수 있음
- 궁금한 점이나 이해가 안 되는 부분을 메모하는 기회를 제공하여 교수자와의 상호작용을 증진하고 깊이 있는 학습을 가능하게 함
- 스스로 자료를 정리하고 만들면서 자기주도학습이 이루어짐

● 노트정리의 기능

- 외부 저장 기능: 단순히 수업 내용을 있는 그대로 기록하는 기능으로 사후 검색과 복습을 가능하게 함
  - 정보를 유지하고, 습득, 검색에 용이함
  - 수업 완료 후, 노트를 통해 쉽게 복습할 수 있으며 이는 학업성취도 향상으로 이어짐

- 노트 기록을 통해 머릿속의 정보를 효과적으로 처리할 수 있음

• 부호화 기능: 학습자 개인의 의미 있는 글로 기록함으로써 이해를 도모함
  - 학습자가 자신의 언어, 그림으로 주관적 중요도에 따라 내용을 선별하여 정리함
  - 이 과정을 통해 개인의 아이디어와 사전지식을 조직화하고 공고화할 수 있음
  - 부호화된 정보는 회상을 요구하는 과제를 우수하게 수행할 수 있게 함
  - 단순한 정보 유지가 아니라 생산적 학습이 됨

● 노트정리를 위한 단계별 기술

① 수업 전

• 도구 준비
  - 노트와 필기구 등 노트정리에 필수적인 도구들을 준비
  - 노트는 과목별로 준비하는 것을 추천
  - 노트의 조직화: 노트의 각 페이지를 일정한 크기의 칸으로 나누어 요점에 대한 요약, 복습, 보충 시에 활용

조직화 혹은 관련성 (노트한 내용들 간의 관련성을 파악하고 정리)	**수업내용** (수업시간에 수업내용 정리)	**핵심내용** (수업 중 혹은 수업 후에 새로운 단어, 주요개념 등을 정리)

② 수업 중

• 수업에 대한 집중
  - 수업 내용에 관심을 가지고 주의를 기울여 집중하며, 적극적인 청취가 중요

• 핵심적인 내용 판단
  - 무엇을 노트할 것인가를 결정
  - 수업 목표와 관련 있고, 앞으로 공부에 활용 가능성이 높은 내용들만 기록
  - 핵심 내용을 판단하는 기준

• 교수자가 제시하는 힌트나 단서 파악(목소리톤, 습관, 반복)
• 핵심 아이디어와 세부 내용(밑줄 긋거나 번호 붙이는 경우)
• 정의나 예시에 대한 설명
• 언어적 단서(이유, 결과적으로, 그러므로, 이것이 중요한 이유다, 계속적으로 알아야 할 점은, 주된 원인은, 기본적인 아이디어는, 절대 잊어서는 안 될 것은)

- 노트하기
  - 효율적인 노트정리: 자신이 알아볼 수 있도록 글씨 연습과 약어 개발

약어 예시

핵심 아이디어(Main Idea):	MI	동일하다:	=
대학학습전략:	대학전	동일하지 않다:	≠
A가 B에 미친 영향:	A→B	예를 들어, 예시(for example):	e.g.

  - 체계적인 노트정리: 교과서나 강의자료에 제시된 소제목을 주개념으로 조직화, 하위개념과 세부사항을 보충
  - 여유있게 노트정리: 미처 다 적지 못한 내용은 빈 공간으로 남겨두고 후에 교수자나 동료 학습자의 도움을 받아 정리
  - 조직적인 노트정리: 상위개념과 하위개념 간 번호 혹은 글머리표 체계화, 중심개념과 세부 내용 간 시각적인 분리 혹은 연결, 반복적으로 설명하는 내용이나 강조하는 내용의 표시

③ 수업 후

- 수업 후에 노트를 재정리하는 것도 매우 중요한 학습활동임
- 수업내용에 대한 복습과 보충, 이해가 부족한 부분에 대한 이해와 암기, 보관 및 활용
- 노트한 내용은 당일에 복습하는 것이 가장 효과적
  - 복습하면서 필요에 따라 노트 내용을 추가하거나 삭제할 수 있음
  - 동료 학습자의 노트 혹은 참고 자료와 비교하면서 부족한 부분 보충
  - 새로 다시 작성하기보다는 필요한 부분만 보완하는 방법이 시간 절약에 효율적

• 노트 복습의 단계

핵심용어 쓰기	– 수업 후 가능한 빨리 핵심어구 정리 – 노트한 내용 중 중요한 부분의 밑줄 혹은 여러 표시
기억 확인하기	– 핵심어만 보면서 수업 내용 상기 – 조직화한 내용 떠올리기 – 수업내용을 보지 말고 머릿속에 떠오르는 내용 확인하고 암기하기
수업 내용 되새기기	– 반성적 사고를 위한 질문을 통해 새로운 정보를 자신의 지식체계로 통합하는 과정 필요 • 자신의 경험에서 배운 내용에 적절한 예시를 찾을 수 있는가? • 배운 내용과 관련하여 더 알고 싶은 것은 무엇인가? • 학습한 내용과 관련하여 교수자의 결론은 타당한가? – 잘못된 부분 수정 – 미처 적지 못한 내용의 보충
노트 조직화하기	– 주개념, 하위개념, 세부사항의 내용의 개념나무 혹은 마인드맵 – 비교되거나 대조되는 내용은 비교표나 그래프로 표현 – 간단한 그림 활용
내용 보충하기	– 동료 학습자의 노트와 비교하면서 놓친 부분 확인 및 요점 간 관계의 새로운 이해 가능

● 노트필기 전략(정미경 외, 2023, pp.189–190의 내용 수정)

전략	이점	세부방법
계층적으로 필기하기	– 내용에 맞게 계층적으로 정리하면 강의 내용의 구조를 쉽게 파악하고 이해하는 데 도움이 됨	– 번호를 사용하여 조직 – 다양한 숫자(로마자, 아라비아 숫자, 알파벳 기호 포함)를 사용해서 상위제목, 하위의 구체적인 내용의 순서화
약어나 상징적 부호 사용하기	– 강의 중에 자주 쓰이는 표현을 약어로 만들거나 기호를 정하여 활용하며, 기록의 속도를 높일 수 있음 – 많은 정보를 빠르고 효과적으로 메모할 수 있음	– 요약부호는 다양하나 자신만의 요약부호를 만들어 사용 – 인과관계는 화살표를 활용 – 자신이 이해하고 일반적으로 사용할 수 있는 상징적인 기호 생성
표로 도식화하기	– 강의 내용을 효과적으로 파악할 수 있음	– 강의 내용을 유형에 따라 분류하거나 공통점이나 차이점을 대조할 때 사용
강조하기	– 중요한 내용이나 특정 내용의 쉬운 탐색 및 확인이 가능함	– 시각적으로 표현 – 핵심 아이디어에는 밑줄, 색상, 도형 등을 이용해 세부 정보와 구별되도록 표기 – 핵심요지나 세부 정보의 연결

● 노트정리 방법

- 요약 및 핵심 포인트 기록: 강의를 듣거나 교재를 읽으면서 핵심 포인트를 요약해 두면 복습이나 시험 대비에 효율적임
- 개념 정리: 학습한 내용을 자신의 언어로 개념을 재정리하거나, 어려운 용어나 개념을 정리해 두면 필요할 때 참고 가능
- 순서도 및 다이어그램: 단계적이거나 순차적인 정보를 이해하기 쉽게 하는 방식으로 과학, 역사 등 시간이나 순서에 따른 흐름을 나타낼 때 효과적임
- 마인드맵: 중심 주제를 두고 주변에 그와 관련된 키워드나 개념을 더하면서 나뭇가지 형태로 확장하며 정보를 구조화하는 방식으로 복습에 쉬움
- 키워드 강조: 중요한 용어나 개념에 밑줄을 그어 강조하거나, 볼드체로 표시하여 시선을 끌어 중요한 내용에 집중할 수 있음
- 컬러코딩: 특정 주제나 항목에 대한 정보를 다양한 색으로 시각적으로 구분하여 빠른 검색이 용이하고 기억에 도움이 됨
- 질문과 답 기록: 학습 중에 생긴 의문이나 궁금증을 적어두고, 이에 대한 해답을 찾으면서 깊이 있는 학습 가능
- 예시와 응용문제 기록: 학습한 이론이나 개념을 실제 상황에 적용할 수 있는 예시나 응용문제를 기록해 두어 실제 문제 해결 능력을 키울 수 있음

I.
  1.
    가.
    나.
      1)
        가)
2.
	1.
	  A.
	  B.
	  C.
	  D.
	  E.

요약형 노트기법 예시	개요 작성하기 예시

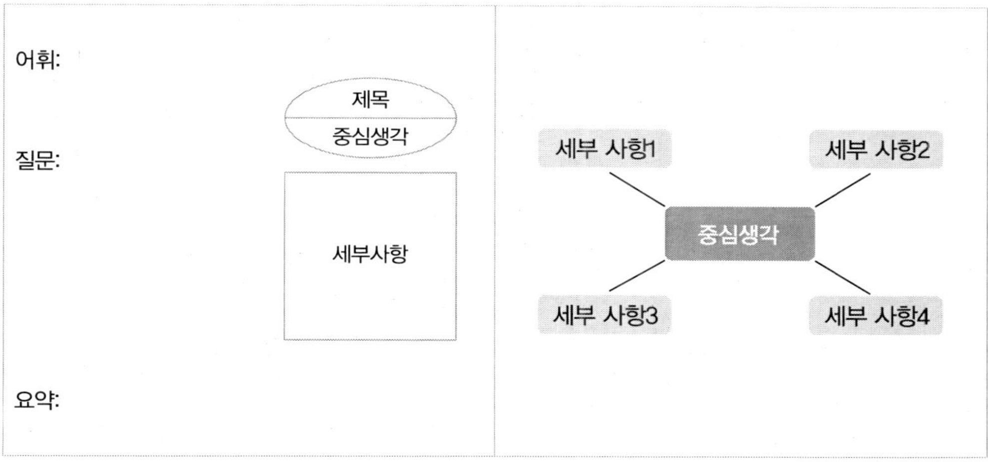

i형 노트하기 기법 / 매핑 기법 예시

(변영계, 강태용, 2003)

● 마인드맵이란?

- 마인드맵은 중심 주제를 중심으로 뻗어나가는 가지와 그 가지들 간의 연결로 정보를 시각적으로 나타내는 도구
  - 다양한 생각들의 유기적인 구조를 보여주므로 아이디어를 조직화하는 데 용이함
  - 주제 혹은 중심 개념에 대한 하위개념, 혹은 떠오르는 생각들을 가지를 새롭게 생성하여 확장해 나갈 수 있음
  - 단조로운 정보의 긴 목록을 다채롭고 기억에 남도록 잘 구성된 다이어그램으로 변환시킴

● 마인드맵의 특징

- 중심주제: 마인드맵은 하나의 중심 주제 혹은 개념에서 시작되는데, 이를 중심으로 다양한 정보를 연결하게 됨
- 가지와 연결: 중심 주제에서 뻗어나가는 가지들은 관련된 세부 개념 혹은 정보들로 이 정보들 간 관계를 시각적으로 확인할 수 있음
- 비선형적 구조: 일반적인 노트정리와 다르게 비선형적인 구조로 자유로운 연상을 가능하게 함

- 순서 및 계층 구조: 가지들은 계층으로 나열할 수 있는데, 이를 통해 정보의 체계적 정리가 가능함

전통적인 메모 작성	마인드맵을 활용한 메모 작성
– 주제에 대한 개요를 제공하지 않음 – 특정 정보를 찾기 위해 전체를 다시 읽어야 함 – 암기하기에 어려움 – 정보를 추가하기 어려움 – 전체 문장을 작성하다 보면 시간적으로 비효율적임 – 손으로 전체 내용을 작성하는 행위는 육체적인 피로도를 높임	– 시각적인 본질적인 특징으로 큰 그림을 이해할 수 있음 – 주제 및 아이디어 간의 계층, 관계, 연결을 보여줌 – 특정 정보를 파악하기가 쉬움 – 정보의 장기기억에 용이함 – 정보의 추가가 쉬움 – 아이디어 간 연결에 집중하기 때문에 메모의 양은 적지만 더 의미 있는 정보를 얻을 수 있음 – 효율적인 필기가 가능함

● 마인드맵을 활용한 노트정리

- 정보 조직화 및 개념도 만들기
  - 개념 전체를 한눈에 파악할 수 있도록 조직
  - 지도를 보는 것처럼 여러 정보 사이의 관계 파악 가능
- 개요 작성하기
  - 발표 및 글쓰기 개요 작성 시에 활용
  - 가지들을 뻗어가며 서론–본론–결론에 작성할 아이디어를 작성
  - 잔가지들을 추가하며 사례, 근거 등 구체적인 내용 추가
- What if 맵핑하기
  - "만약 ~하다면, 어떻게 되는가?"라는 질문에 대한 답 생각해 보기
  - 새로운 아이디어 생성 및 상상력, 창의적 사고활동 가능

■ **코넬식 노트정리**

<table>
<tr><td>(1) 년 월 일 요일
– 강좌명 :
– 단원명 :</td><td>(2) 학습목표
수업시간 전에 강의계획서를 참고하여
그날의 학습목표를 먼저 적어본다.</td></tr>
<tr><td>(3) 인출 단서칸(핵심개념, 질문)
수업내용 중 핵심내용을
질문으로 만든다.</td><td>(4) 정리칸(수업내용)
수업내용을 기록한다.</td></tr>
<tr><td colspan="2">(5) 요약칸
수업내용을 요약한다.</td></tr>
</table>

(1) 날짜, 강좌명, 단원명

– 노트 맨 위에 강좌명, 날짜, 제목, 쪽수 등을 기재

– 항상 새로운 페이지에 시작하고, 자신만의 조직체계를 만들어서 분류와 종합이 쉽도록 표시

(2) 학습목표

학습목표를 미리 적어두면 수업에 대한 분명한 목표의식이 생기고 수업에 대한 사전 지식이 활성화되어 내용을 이해하기에도 수월함

(3) 정리칸(수업내용)

① 교수님의 강의 스타일 먼저 파악

② 교수님의 목소리 변화에 주목

③ 어떤 내용이 반복된다면, 그 내용을 반드시 필기하고 중요 표시

④ 교수님이 판서하는 내용 필기

⑤ 핵심 아이디어와 관련된 세부 정보의 기록

⑥ 강의 주제와 관련되지 않은 이야기나 농담은 불필요

⑦ 용어나 개념에 대해서는 항상 그 정의를 기록

(4) 단서칸(핵심개념, 질문)

'단서칸'에 적절한 물음을 적어 놓으면 '정리칸'에 기록해 둔 내용들의 관련성도 선명해지고 그 단원의 핵심용어도 분명히 파악할 수 있음

(5) 요약칸

한 페이지 가득 정리한 내용을 간략하게 요약해 줄 뿐만 아니라, 복습할 때 적어 놓았던 것의 의미를 집약적으로 파악하고 기억하기 쉽게 도와주는 역할을 함

노트정리 전략 활동(1) 노트필기 습관 점검하기

활동목표 나 자신의 노트필기 습관을 확인해 봅시다.

활동내용 다음의 자가 평가를 실시해 보고, 나의 노트 습관이 어떠한지 확인해 보세요.

내용	YES	NO
1. 강의 전 자신의 배경 지식을 점검하고 강의에 임한다.		
2. 강의 내용을 미리 읽고 모르는 부분을 표시하여 둔다.		
3. 강의 주제에 관계없이 강의를 잘 듣고 교수의 말을 다시 풀어쓸 수 있다.		
4. 메모해야 할 것에 관한 교수의 지시어, 예를 들어, "...는 중요하다" 또는 "~에는 네 가지가 있는데..."를 귀기울여 듣는다.		
5. 강의 중 교수가 말한 것을 모두 받아 적지 않는다.		
6. 노트 중 중요한 것은 별도의 표, 예를 들어, 밑줄 긋기, 별표하기 등을 한다.		
7. 강의 전 제기한 질문에 대해 강의 중 또는 강의 후 대답이나 해결책을 찾도록 한다.		
8. 토론식 강의가 진행되는 경우, 교수의 말 외에도 다른 동료 학생의 말에도 귀를 기울인다.		
9. 수업 전 이전의 강의 노트를 다시 본다.		
10. 다른 사람의 강의 노트를 빌리는 것보다 강의 중 능동적으로 듣고 노트하기를 원한다.		

9~10개: 뛰어난 노트필기 습관을 지니고 있네요.
7~8개: 좋은 노트필기 습관을 지니고 있네요.
4~6개: 능동적인 노트필기 습관을 기를 필요가 있네요.
3개 이하: 능동적인 노트필기 습관을 기르기 위해 많이 노력해야겠네요.

노트습관 점검(이현우 외, 2001)

노트정리 전략 활동(2) 마인드맵 연습하기

활동목표 마인드맵 활동을 연습해 봅시다.

활동내용 다음의 내용을 읽고, 마인드맵 기법을 활용하여 노트정리를 해보세요.

신재생에너지는 화석연료를 대체하는 수력, 풍력, 태양열과 같은 무공해의 재생 가능한 자연 에너지이다. 무공해, 무한정이면서 다양한 자연 에너지의 특성과 기술을 활용하여 석탄, 석유, 천연가스 등 화석연료와 원자력을 사용하는 기존 에너지를 대체하는 재생 가능한 에너지이다. 수력, 풍력, 태양, 바이오, 해양, 폐기물 등 다양한 여러 에너지를 포괄적으로 부르는 용어이다. 산업혁명 이후부터 지금까지 인류는 오랫동안 화석연료를 이용해 왔다. 그러나 1960년대 이후, 오존층 파괴 등 환경오염에 대한 문제 제기와 자원이 곧 고갈된다는 위기의식이 퍼지기 시작했고, 오일쇼크를 경험하면서 세계 곳곳에서는 기존의 화석연료를 대체할 수 있는 '녹색성장'과 '지속가능한 발전'에 주목하기 시작하였다. 지속가능한 발전(sustainable development)은 1987년 환경과 개발에 관한 세계위원회(WCED)가 제출한 보고서에서 처음 제시되었고, 녹색성장은 2005년 UN 환경개발장관회의(MCED)에서 처음 사용되었다. 한국에서는 '저탄소 녹색성장(Green growth)'을 국가전략으로 발표하면서 관심을 두기 시작하였다.

국가마다 신 · 재생에너지를 구분하는 기준과 방법, 그리고 신 · 재생에너지를 부르는 명칭[신에너지, 재생에너지, 미래에너지, 미활용에너지 등]은 제각각이다. 미국, 유럽, 국제 에너지 기구는 재생에너지라는 명칭에 각각 다른 하위 분류체계를 가지고 있고, 일본은 신에너지라는 표현을 사용하고 있다.

한국은 기존의 화석연료를 변환시켜 이용하는 신에너지[석탄액화가스, 수소에너지, 연료전지 등]와 재생 가능한 에너지를 변환시켜 이용하는 재생에너지[태양열, 태양광, 해양에너지, 바이오매스 등 8개]로 나누어 구분하고 있다. 신 · 재생에너지에서 중심을 이루고 있는 에너지는 '태양에너지'이다. 재생에너지의 종류에는 여러 가지가 있지만, 조력[달의 조수]과 지열[지구 내부 열]을 제외한 거의 모든 재생에너지가(99.98%) 태양으로부터 오기 때문이다. 태양에너지를 이용하는 방식은 크게 둘로 나뉘는데, 하나는 태양 빛을 받아 직접 전기를 발생하는 태양광에너지이고, 다른 하나는 집열장치를 이용해 열을 생산하는 태양열에너지이다. 이 두 종류의 에너지는 현재 자동차, 항공기, 인공위성, 주택 등 광범위한 영역에서 사용되고 시도되고 있다. 태양에너지는 자연 조건에 따라 변동할 가능성이 있고, 에너지 밀도가 낮아 수집 · 이용하는 데 큰 비용이 든다는 단점이 있다. 이러한 단점에도 불구하고 자원 고갈로부터 해방되고, 환경오염을 줄일 수 있으며, 어마어마한 잠재력을 가지고 있다는 점에서 현재까지도 많은 투자가 이어지고 있다.

출처: 신재생에너지 – 한국민족문화대백과사전

노트정리 전략 활동(3) 노트기법 연습하기

활동목표 다양한 노트기법을 연습해 봅시다.

활동내용 다음의 내용을 읽고, 요약형 노트기법 혹은 개요 작성하기를 활용하여 정리해 보세요.

두뇌(brain)에 폭풍(storm)을 일으킨다는 뜻으로 오스본(Osborn)에 의해 창안된 소집단 토의 방법이다. 이는 창의적인 아이디어를 얻기 위해 한 주제에 대해 다양한 아이디어를 공동으로 내놓은 방식으로 집단 사고를 통해 사고의 확산을 추구하는 방법이다. 다음은 브레인스토밍의 4가지 기본규칙이다. 먼저, 질보다는 양을 우선한다. 다양하고 많은 아이디어가 산출될수록 문제에 대한 해결 가능성이 높아진다는 생각으로 발상의 다양성을 끌어올리는 규칙이다. 둘째, 판단의 지연으로 비판과 비난을 제제한다. 브레인스토밍 중에 제시된 아이디어에 대한 비판은 추후의 비판적 단계까지 보류하고, 아이디어를 확장하고 더하는 데에 초점을 둬야 한다. 비판을 유예하는 것으로 참여자들은 자유로운 분위기 속에서 다양하고 독특한 생각들을 꺼낼 수 있게 된다. 셋째, 자유로운 사고를 지향하며 특이한 아이디어를 환영한다. 많고 좋은 아이디어 목록을 얻기 위해서 엉뚱한 의견도 적극 수용한다. 엉뚱하고 새로운 관점을 통해서 더 나은 답을 줄 수 있는 새로운 방법이 떠오를 수 있다. 넷째, 아이디어를 결합하고 개선한다. 아이디어의 결합을 통해 시너지 효과를 얻을 수 있다. 즉, 아이디어들을 연계시키는 것으로써 더 뛰어난 성과를 얻을 수 있는 것이다. 브레인스토밍의 수행 절차는 다음과 같다. 먼저, 논의할 주제를 선정하고, 참여 학생 중에서 사회자와 기록자를 선정한다. 사회자는 참여 학생들에게 논의할 주제에 대해 생각할 시간을 주고 위 4가지 규칙을 바탕으로 브레인스토밍을 진행한다. 기록자는 참여 학생들에게 나온 아이디어를 기록한다. 모든 학생이 볼 수 있는 칠판, 화이트보드 등을 활용하는 것이 바람직하다. 이때 4가지 규칙 이외 추가적으로 지켜야 할 규칙을 정할 수 있으나 지나치게 많은 규칙은 자유로운 사고를 방해할 수 있으므로 주의한다. 그리고 주제에 대한 다양한 아이디어를 생성하도록 한다. 브레인스토밍은 창의적인 아이디어를 산출하거나 문제해결을 위한 것이기 때문에 적극적으로 참여하여 아이디어를 생성하도록 촉진한다. 충분한 아이디어가 생성되었다면, 아이디어를 분류하고 정리한다. 이때 분류기준이 다양할 수 있으므로 구성원과 논의하며 분류기준을 세우도록 한다. 아이디어의 분류와 정리와 끝났다면, 아이디어를 평가한다. 아이디를 평가할 때 비판적으로 하나 또는 다수의 현실성 있는 아이디어를 선정하고 추가적인 아이디어를 제안하여 최종 주제에 맞는 창의적 아이디어 또는 해결책을 선정한다.

출처: 오선아 외(2022). 배우기를 더 배우기– 디지털 시대의 학습전략. 서울:박영스토리. pp.207–208.

노트정리 전략 활동(4) 나만의 약어를 만들어 정리해 보기

활동목표 나만의 약어를 만들어봅시다.

활동내용 노트정리 전략 강의 콘텐츠를 들으면서, 나만의 약어를 만들어 노트정리를 해보세요.

나만의 약어	

나 팀 활동 및 토론 전략

● 협동학습이란?

- 그룹 공공의 학습목표를 달성하기 위하여 서로 도와가며 학습하는 구조
- '전체는 개인을 위하여, 개인은 전체를 위하여'라는 철학의 관점으로 집단 구성원 간의 상호 의존성을 바탕으로 함(오선아 외, 2022)

● 성공적인 협동학습을 위한 조건

긍정적인 상호의존성	면대면을 통한 상호작용	개별적인 책무감	사회적 기술	집단 성찰

- 긍정적 상호 의존성
  - 상호 의존성을 높이기 위해서는 팀의 목표 제시 필요
  - 목표 달성을 위해 자료 공유 등 서로 상호 의존적 역할 수행
  - 상호 의존성을 높이기 위한 전략 수립 필요(목표, 과제, 역할, 보상 등)
- 대면적 상호작용
  - 구성원들이 학습과제를 완수할 수 있도록 서로 격려하고 학습 촉진
  - 구성원 간 피드백 제공, 격려를 통해 심리적 압박감 최소화
  - 충분한 상호작용 시간 및 협동 가능한 공간 필요
- 개별적 책무감
  - 자신이 속한 팀의 성공적인 수행을 위해 팀원 각자가 학습에 대한 책임감을 가지고 팀에 기여
  - 개별 및 집단 보상의 필요
  - 무임승차를 없애기 위한 자기서약서(역할, 지원, 과제수행) 작성 및 공유, 인증
- 사회적 기술
  - 가치 있는 협동학습을 수행하기 위해 팀원 간 관계에서 알아야 할 기술
  - 팀 내에서 발생하는 갈등 관리, 의사결정, 효과적 리더십, 능동적 청취 등

- 협동적 노력이 성공하기 위해서 반드시 필요
- 사과, 제안, 피드백 요청, 설득, 칭찬, 예시 제시, 조용히 말하기, 기다리기, 경청, 적절하게 끼어들기, 정중하게 이견 제시

• 집단성찰
- 팀이 의도한 목표를 성취하기 위해서 팀 구성원들 각자가 목표를 얼마나 잘 성취했는가?
- 공동의 목표를 달성하기 위해 얼마나 노력하고 협력했는가?
- 팀에서 팀 구성원의 어떤 행위가 도움이 되고 미흡했는가?

● 성공적인 팀 활동을 위한 역할 분담

• 조별 과제의 성공과 실패 좌우

• 팀 내 다양한 역할 존재

• 본인이 가장 자신 있고 잘할 수 있는 일 수행
- 공평성에만 집중하여 본인이 자신 없는 역할 수행 시 전체 팀 결과물 질 보장이 어려움

• 특정 개인에게 업무가 과중되지 않도록 공평성의 밸런스 적용

• 역할 분담 예시
- 지도자(leader): 팀의 목표, 모임마다 소주제와 결론 제시
- 촉진자(facilitator): 참여하지 않는 팀원 챙기기
- 중재자(arbitrator): 의견 대립 시 갈등 요인 파악 및 대안 제시
- 기록자(notetaker): 요약 및 정리, 전달 및 공유
- 관리자(time keeper): 스케줄 관리, 정해진 시간 환기
- 반대자(devil's advocate): 공통 의견에 대한 문제점 지적

• 팀 활동에서 발표자, PPT 작성, 자료조사 등의 역할 분담은 지양해야 함. 역할 분담은 촉진자, 중재자, 관리자 등의 역할로 구분하거나, 해야 할 업무의 양을 적절하게 분담하여 업무별로 분담하는 것이 바람직함

리더의 역할	구성원의 역할
• 학습 분위기 조성 및 팀원 유대 강화	• 문제 해결에 대한 열의
• 구성원 전체 참여 유도	• 경청과 협력
• 경청 유지	• 자신을 개방하고 팀원으로부터 배우려는 의지
• 동등한 발언 기회 제공	• 타인의 가치를 존중하는 자세
• 그라운드 룰 준수	• 자신과 타인의 학습능력과 잠재력 인식
• 학습활동 촉진	• 실행과 성취에 대한 의지

● 성공적인 팀 활동을 위한 커뮤니케이션 전략

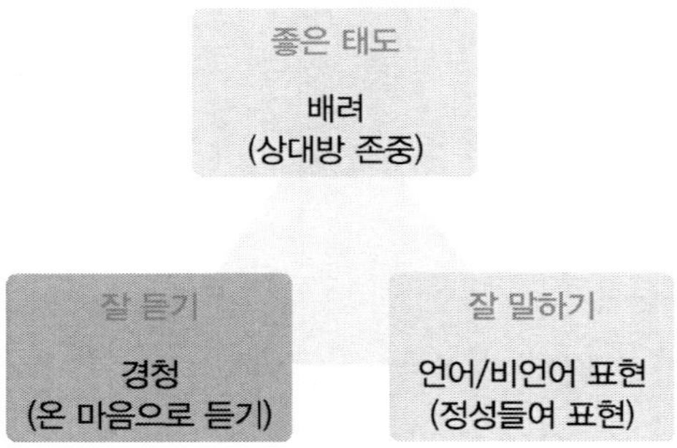

• I–message 전략

– 관찰: 관찰할 수 있는 명백한 사실에 대해서만 언급

– 감정: 다른 사람의 행동에 대해 자신이 어떻게 느끼는지 표현

– 욕구: 원하는 것을 분명하게 요청

– 생각: 생각을 조심해서 전달

– 결심: 상대방과 관계없이 이루어질 수 있는 계획 수립

● 활발한 협동학습을 위한 토의 및 토론

• 토의 vs. 토론

– 토의: 일반적으로 참여자들이 상호 협조적인 관계를 유지하면서 최선의 해결책을 모색하는 토론

– 토론 : 공동의 관심사를 서로 다른 관점에서 의견을 교환하고 검토하며, 그 문제에 대해서 지식과 이해, 판단과 의사결정, 해결방안 등을 향상하려는 집단 상호작용의 특수한 형태

토의	토론
• 규칙, 규율과 같은 형식적 제약이 없음	• 규칙, 규율과 같은 형식적 제약이 있음
• 집단적 사고와 의사결정과정으로 협의를 통해 답을 구하는 것이 목적	• 주어진 논제에 대해 자신의 입장이나 해답을 가지고 타인을 설득하는 것이 목적
• 참석자들이 자유롭게 답을 구함	• 사실, 논거, 근거에 의한 자기주장을 이성적으로 관철
• 타협과 흥정이 있음	• 타협, 흥정이 없음
• 논제 외 사항도 다룰 수 있음	• 논제 외 사항은 다루지 않음
• 상대방을 존중하고, 상대방이 제시한 의견은 좋은 안건으로 간주	• 상대방은 존중하나 상대방의 의견은 반박의 대상
• 학문의 분야는 아님	• 학문 분야임
• 스포츠, 게임의 형식을 띠지 않음	• 스포츠, 게임의 형식

출처: https://debateforall.org/blog/?&bmode=view&idx=1779827&t=board

- 토의 및 토론 학습의 필요성
  - 비판적 사고력과 논리적 분석력
  - 문제 분석력과 상황 대처 능력
  - 효과적인 말하기 구성 및 전달, 글쓰기 능력
  - 교과통합으로 지식의 통합 교육 실현
  - 민주주의 의식과 민주적 시민태도의 함양

팀 활동 및 토론 전략 활동(1) 나의 이야기, 우리의 이야기 만들기

활동목표 나의 생각을 팀원과 공유하면서 긍정적인 상호작용을 연습해 봅시다.

활동내용 모든 팀원은 다음의 제시된 키워드 중 하나를 선택하여 나만의 작은 이야기를 먼저 만든 후, 각 팀원이 만든 이야기를 합쳐 하나의 큰 이야기를 만들어보세요.

<table>
<tr><td rowspan="2">키워드</td><td>미세먼지</td><td>비둘기</td><td>우산</td><td>마카롱</td></tr>
<tr><td>콘서트</td><td>의자</td><td>껌</td><td>아르바이트</td></tr>
<tr><td>나의 이야기</td><td colspan="4"></td></tr>
<tr><td>팀 이야기</td><td colspan="4"></td></tr>
</table>

팀 활동 및 토론 전략 활동(2) 팀 활동 계획서 작성하기

활동목표 팀 활동을 위한 계획을 수립해 봅시다.

활동내용 효율적이고, 성공적인 팀 활동을 위해 팀원과 함께 팀 활동의 목표와 목표를 달성하기 위한 계획을 수립해 보세요.

활동명	
팀 활동 목표	
팀 활동을 통해 해결해야 하는 문제	
	이전 비슷한 활동 경험에 대한 공유(원활한 운영을 위한 팁 혹은 시행착오 경험 공유)
문제 해결을 위해 우리가 알고 있는 정보	

문제 해결을 위해 더 알아야 하는 정보 및 수행해야 하는 작업	
역할 분담	
스케줄	과제 제출(발표) 날짜: ( )

팀 활동 및 토론 전략 활동(3) 팀 활동 규칙 정하기

활동목표 팀 활동을 위한 규칙을 제시해 봅시다.

활동내용 팀원들과 함께 원활한 팀 활동을 수행하는 데 필요한 규칙을 생각해 보고 작성해 보세요.

팀 활동 및 토론 전략 활동(4) 자료수집 계획표

활동목표 팀 프로젝트 시 필요한 자료의 수집을 계획해 봅시다.

활동내용 팀 프로젝트에 필요한 자료가 무엇인지 논의해 보고, 다음의 표를 정리해 보세요.

세부활동목표	필요한 자료들	조사 방법	담당자	기한
예시) 노트필기 전략	노트필기 예시	인터넷 자료 조사	박전략	
예시) 우리대학 학습 관련 비교과 프로그램	비교과 가이드북	비교과센터 방문	김학습	

팀 활동 및 토론 전략 활동(5) 팀 활동 수행 모니터링

활동목표 팀 활동이 계획대로 잘 진행되고 있는지 확인해 봅시다.

활동내용 팀 프로젝트를 수행하기 위해서 수립한 팀 활동목표를 정리하고, 활동마다 얼마나 진행이 되었는지 논의하여 작성해 보세요.

구분	내용
팀 활동목표	1. 자료조사
	2.
	3.
	4.
활동목표 1의 달성을 위해 지금까지 활동한 내용은?	
	팀 활동 수행 만족도: 매우 만족 ( ) 대체로 만족 ( ) 만족하지 못함 ( )
	계획 대비 진행 정도: 훌륭 ( ) 보통 ( ) 뒤쳐짐 ( )
활동목표 2의 달성을 위해 지금까지 활동한 내용은?	
	팀 활동 수행 만족도: 매우 만족 ( ) 대체로 만족 ( ) 만족하지 못함 ( )
	계획 대비 진행 정도: 훌륭 ( ) 보통 ( ) 뒤쳐짐 ( )

<table>
<tr><td rowspan="3">활동목표 3의 달성을 위해 지금까지 활동한 내용은?</td><td></td></tr>
<tr><td>팀 활동 수행 만족도: 매우 만족 ( ) 대체로 만족 ( ) 만족하지 못함 ( )</td></tr>
<tr><td>계획 대비 진행 정도: 훌륭 ( ) 보통 ( ) 뒤쳐짐 ( )</td></tr>
<tr><td rowspan="3">활동목표 4의 달성을 위해 지금까지 활동한 내용은?</td><td></td></tr>
<tr><td>팀 활동 수행 만족도: 매우 만족 ( ) 대체로 만족 ( ) 만족하지 못함 ( )</td></tr>
<tr><td>계획 대비 진행 정도: 훌륭 ( ) 보통 ( ) 뒤쳐짐 ( )</td></tr>
</table>

팀 활동 계획서 양식(주현재, 2011의 내용을 수정함)

팀 활동 및 토론 전략 활동(6) 자가 체크리스트

활동목표 팀 활동에 참여한 나의 태도를 성찰해 봅시다.

활동내용 팀 활동 중 나의 태도는 어떠했는지 생각해 보면서, 다음의 질문에 대해 자신을 평가해 보고 다음 팀 활동에서 개선되어야 할 부분은 무엇인지 작성해 보세요.

내용			평점
협력 및 커뮤니케이션	학습의 책임감	팀 구성원으로서 자신의 학습에 책임 의식을 갖고 적극적으로 참여하는가?	1 2 3 4 5
	비판적 사고	다른 사람의 견해를 자신과 비교하여 자신이 지닌 사고의 영역과 범주를 넓히려는 태도를 가지고 있는가?	1 2 3 4 5
	의사소통 능력	학습한 내용을 객관적인 근거를 기반으로 말과 글로 효과적이고 설득력 있게 전달할 수 있는가?	1 2 3 4 5
		팀 토론 과정을 통해 합의점을 도출해 내고 서로의 의견과 생각을 공유하거나 조율하는 자세를 가졌는가?	1 2 3 4 5
	협력적 태도	동료 학습자의 감정과 생각을 이해하고 존중하면서 협동적이며 조화롭게 학습하려고 하는가?	1 2 3 4 5
학습태도	학습의 적극성	문제해결을 위해 적극적으로 자료를 수집하고 자신의 의견을 제시하고, 다양한 아이디어를 제공하기 위해 노력하는가?	1 2 3 4 5
	학습의 주인의식	주인의식을 가지고 자신에게 맡겨진 역할에 최선을 다하는가?	1 2 3 4 5
	팀 기여도	능동적이며 주도적인 참여를 통해 문제해결에 있어서 결정적인 역할을 하는가?	1 2 3 4 5
	자발적 참여 유도	타인에 대한 배려와 함께 구성원들의 자발적인 참여를 이끌어 내기 위해 적극적으로 노력하는가?	1 2 3 4 5
	도전적 태도	자신들의 능력에 대한 신뢰감과 자신감을 토대로 도전 의식을 갖고 과제를 해결하는가?	1 2 3 4 5
반성 및 성찰			

팀원 관찰 평가(강인애 외, 2007)

팀 활동 및 토론 전략 활동(7) 팀원 평가표

활동목표 팀 활동에 참여한 팀원의 태도를 평가해 봅시다.

활동내용 팀 활동 중 나와 함께 한 팀원은 태도는 어떠했는지 생각해 보면서, 다음의 내용에 대해 평가해 보고 그 결과를 통해 나는 어떤 팀원이었는지, 어떻게 더 책임감 있는 팀 활동을 할 수 있는지 생각해 보세요.

* 각각의 준거에 따라 해당 점수를 기입하시기 바랍니다.
(매우 우수: 5점, 우수: 4점, 보통: 3점, 부족: 2점, 매우 부족: 1점)

내용	구성원 이름				
그룹 활동에 적극적으로 참여하였다.					
문제의 해결안을 성공적으로 개발하는 데 공헌하였다.					
다른 사람의 의견을 경청하였다.					
질문을 제기하고 다른 사람의 질문에 적절히, 그리고 친절히 응대하였다.					
과제를 지속적으로 수행하였다.					
유용한 정보를 찾아 제공하였다.					
다른 구성원들과 협력하였다.					
긍정적인 의견을 제시하였다.					
그룹 활동에 있어서 리더십을 발휘하였다.					
다른 구성원을 칭찬하고 참여를 독려하였다.					
점수 합계					

내용	구성원 A	구성원 B	구성원 C	구성원 D	본인
1. 할당된 과제를 만족스럽게 완성한다.					
2. 소집단의 최종 결과물을 조직하고 완성할 수 있도록 구성원에게 도움을 준다.					
3. 소집단 과제를 해결하기 위해 여러 가지 참고 서적에서 정보를 구하고 시간을 잘 활용한다.					
4. 소집단 활동에 유용하게 공헌하고 좋은 제안을 많이 한다.					
5. 프로젝트를 위해 매 시간 협동학습에 참여한다.					
총점					

동료평가지(진성희 외, 2015)

다 시험전략

– 시험은 오랜 시간 동안 적절한 속도를 유지하며 전략적으로 뛰는 마라톤과 같음
– 대체로 시험 2주 전부터 이를 대비한 계획을 세우고 본격적인 시험공부 시작
– 효율적인 학점관리를 위해 시험을 대비한 체계적인 계획과 실천 필요

● 시험준비와 점검

- 시험 준비
  – 시험 날짜 및 장소 : 전체 시험 일시 및 장소, 기말시험 대체 리포트 제출 기한 점검
  – 시험 문제 유형 : 시험유형(객관식, 주관식, 혹은 객관식과 주관식의 혼합형), 시험 문항 수 등
  – 시험 범위 및 내용 : 시험범위, 시험에 나올 부분과 나오지 않을 부분
  – 시험환경 및 준비물 : 시험에서 필요한 혹은 허용이 되는 도구(예: 계산기, 사전)나 자료(예: 교재, 수식노트), 시험 자료, 교재, 강의안, 노트필기, 수업 중 배포된 유인물 또는 발표자료, 참고자료, 과제, 퀴즈자료, 이전 시험, 기출문제 등
- '나' 점검하기
  – 학습목표 점검 : 시험과 나의 학습목표 혹은 꿈 사이 관계를 생각할 것. 시험에서 좋은 성적을 받는 것이 나에게 왜 중요한지 등을 생각해 보며 시험 준비에 대한 동기 부여
  – 지난 시험의 문제점 파악 : 만족하지 못했던 시험 경험이 있다면 그 당시의 문제점을 돌이켜 보며, 충분히 복습을 못했기 때문인지, 출제의도를 잘 파악하지 못해서였는지, 암기를 잘 못해서였는지 구체적으로 분석
  – 학습 가능시간 확인 : 시험준비 기간에는 중요한 일과 중요하지 않은 일을 구분하여 시험에 집중할 것. 시험준비 외에 꼭 내가 해야 할 일이 무엇인지, 시험 후로 미룰 수 있는 일은 무엇인지 파악하고, 시험준비에 사용할 수 있는 시간 분석

● 시험 계획 세우기

- 과목당 공부 방법

  시험공부는 긴 시간 집중적으로 하는 것보다 자주 하는 것이 더 효과적. 즉, 시험 2일 전에 몰아서 10시간 복습하는 것보다 5일에 걸쳐 2시간씩 나누어 복습할 것

  – 매일 새로운 것을 공부한 다음, 이전에 공부한 것을 복습

  – 매일 2시간씩 공부

- 구체적 시험 계획의 예시

<table>
<tr><th></th><th>D–14</th><th>D–13</th><th>D–12</th><th>D–11</th><th>D–10</th><th>…</th><th>D–2</th><th>D–1</th><th>시험일</th></tr>
<tr><td>교재</td><td>1–2장</td><td>3장</td><td></td><td>4장</td><td>5장</td><td></td><td></td><td></td><td rowspan="3">6/8</td></tr>
<tr><td>노트필기</td><td></td><td></td><td>1–3장</td><td></td><td></td><td></td><td></td><td></td></tr>
<tr><td>보충자료</td><td>1–2차
자료</td><td>3차
자료</td><td></td><td>4차
자료</td><td>5차
자료</td><td></td><td></td><td></td></tr>
<tr><td>교재</td><td></td><td>1–2장</td><td>3–4장</td><td>5장</td><td>6장</td><td></td><td></td><td></td><td rowspan="4">6/10</td></tr>
<tr><td>노트필기</td><td></td><td></td><td>1–4장</td><td></td><td>5–6장</td><td></td><td></td><td></td></tr>
<tr><td>유인물</td><td></td><td>1–2차
자료</td><td>3–4차
자료</td><td>5차
자료</td><td>6차
자료</td><td></td><td></td><td></td></tr>
<tr><td>기출문제</td><td></td><td></td><td></td><td></td><td></td><td></td><td></td><td></td></tr>
<tr><td>…</td><td></td><td></td><td></td><td></td><td></td><td></td><td></td><td></td><td></td></tr>
</table>

<table>
<tr><th></th><th>일</th><th>월</th><th>화</th><th>수</th><th>목</th><th>금</th><th>토</th></tr>
<tr><td>날짜</td><td></td><td></td><td></td><td>5/25일</td><td>26일</td><td>27일</td><td>28일</td></tr>
<tr><td>과목
(목표)</td><td>(작성 예)
1. 인체의 이해(세포의 구조~골격계) 핵심정리
2. 실용영어(unit2) 리딩</td><td></td><td></td><td></td><td></td><td></td><td></td></tr>
<tr><td>날짜</td><td>29일</td><td>30일</td><td>31일</td><td>6/1일</td><td>2일</td><td>3일</td><td>4일</td></tr>
<tr><td>과목
(목표)</td><td></td><td></td><td></td><td></td><td></td><td></td><td></td></tr>
</table>

● 시험관리 전략

- 시험관리 전략의 필요성
  - 시험은 자기관리, 수업 중 이해, 읽기, 쓰기 및 정보처리 능력과 관련
  - 시험은 성실한 학습 습관 및 태도가 선행되어야 함
  - 학습에 대한 동기부여 수준과 학업 목표가 영향을 줌

● 시험준비 전략

- 시험 계획
  - 미리 학사일정을 파악하고 준비
  - 시험 준비는 일찍 시작하며, 구체적으로 계획
  - 평소 노트필기 등을 준비하고, 본격적인 준비는 최소 2주 전부터 시작
  - 실행 가능한 계획을 세우되 공부할 내용을 줄여가도록 여러 번 반복할 수 있게 함
- 시험 정보 수집
  - 시험범위, 출제형식, 중요 내용, 평가 기준, 답안 작성 요령 등에 대한 정보 수집
  - 시험 직전 수업 시간에 교수님의 멘트 집중
  - 동료나 선배에게 교수님의 출제경향, 채점기준 등의 정보를 확보함
- 수업 자료 검토
  - 교수님의 교안, 수업 중 배포한 참고자료 혹은 유인물
  - 교재와 노트필기, 수업 중 강조 내용
  - 수업자료를 참고하여 내용 요약
- 실전 연습
  - 스스로 출제자로 문제 출제하고 답안 작성해 보기
  - 스터디그룹 활용한 모의시험

● 시험 중 및 시험 후 전략

- 시험 중 전략
  - 시험시간보다 일찍 도착할 것

- 편안한 마음과 자신감을 유지할 것
- 시험지를 받으면 우선 전체를 훑어볼 것 : 처음 2~5분 정도 문제 수, 난이도, 문제 순서, 출제 내용, 요구하는 답의 형식, 배점 등을 파악
- 시험 시간을 배분 : 문제 배점에 비례하여 시간 할당
- 전략적으로 답안 작성 : 출제자의 의도를 파악할 것

• 시험 후 전략
- 시험지 내용 검토를 통해 틀린 문제 점검 및 이해 정도 검토
- 수업 중 학습전략, 노트필기에 대한 점검
- 읽기 기술을 비롯한 학습 기술의 수정사항 검토

● 답안 작성 전략

• 서술형 답안 작성
- 핵심 포인트에 바로 접근 : 핵심 내용을 첫 문장에 기술하고, 첫 단락에는 전체 개요 서술. 나머지 부분은 핵심 내용에 대한 상세한 논의 전개. 구체적인 정보나 사례, 인용문 등 활용
- 에세이 형식은 답안 작성 전에 먼저 전체 줄거리 구상
- 간략한 개요를 먼저 작성하고 시간 계획
- 중심 아이디어를 서론, 본론, 결론에 배치
- 개요를 기초로 더욱 구체적인 내용 작성
- 답안 도식화 : 답안 작성의 순서 계획, 결론 도출 등 답안의 개요 작성. 자신의 답안이 문제가 요구하는 답인지 검토

■ 교수가 생각하는 서술형 문제의 모범답안
- 기본적으로 중요한 내용이 포함되어 있을 것
- 논리적이고 정교하게 작성할 것
- 문제에 대한 핵심적 내용을 중심으로 작성할 것
- 전체 내용을 요약하거나 도표를 사용할 것
- 중요한 사항에 대한 목록을 제시할 것

- 선택형 답안 작성
  - 문제를 정확히 읽을 것 : 부정어와 수식어구 유의하고, 부정어나 강조어를 사용한 문제의 경우, 밑줄로 표시하는 습관을 가질 것. 반복하여 읽어도 문제가 이해되지 않는 경우 먼저 다른 문제를 풀 것
  - 최선의 답 선택 : 2~3개 답안 가운데 고민할 경우, 소거법을 이용하여 가장 옳은 답을 선택. 검토할 시간이 주어질 경우, 고치지 않도록 할 것
  - 수와 관련된 문제는 풀이 과정을 모두 답안에 기록 : 문제풀이 시 필요한 주요 공식은 미리 적어둘 것. 내가 어디서 잘못 풀었는지 확인. 답이 틀리더라도 문제해결을 위한 노력을 할 것

시험 전략 활동(1) 시험 계획 세우기

활동목표 중간고사/기말고사를 대비한 시험 계획을 세워봅시다.

활동내용 과목별 시험범위와 일정을 확인하고 아래의 표에 시험을 위한 학습계획을 작성해 보세요.

● (중간/기말) 일정 :　　월　　일 ~　　월　　일

과목명	시험일정/범위		과목명	시험일정/범위	
	일정			일정	
	범위			범위	
	일정			일정	
	범위			범위	
	일정			일정	
	범위			범위	
	일정			일정	
	범위			범위	

● (중간/기말)고사 시험계획

	일	월	화	수	목	금	토
날짜							
과목(목표)	(작성 예) 1. 인체의 이해 (세포의 구조~골격계) 핵심정리 2. 종교와 인생 (배고픈 존재, 인간~이슬람) 노트정리 3. 실용영어 (unit2) 리딩						
날짜							
과목(목표)							
날짜							
과목(목표)							

라 프레젠테이션 전략

● 좋은 발표란?

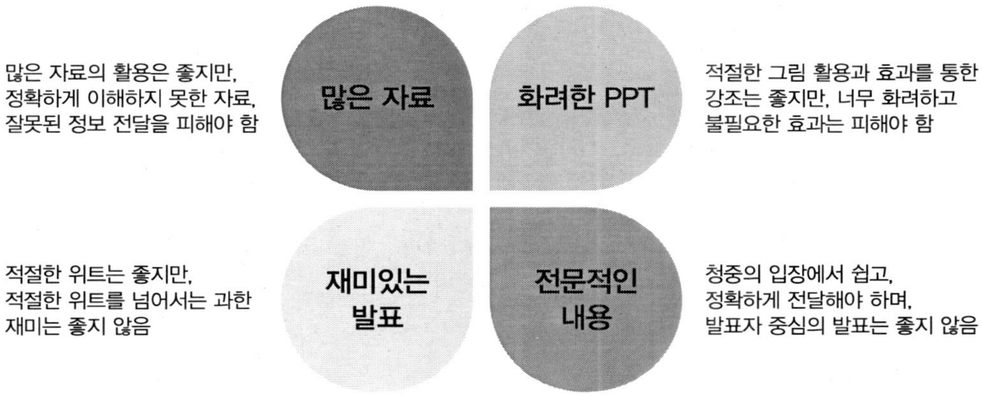

● 프레젠테이션의 목적은 '설득'

- 자신의 의견이나 아이디어, 경험, 노하우 등 모든 제반 정보를 상대에게 전달하거나 설득하는 행위
- 사전에 합의된 시간 안에 청중에게 원하는 목적을 정확하게 전달
- 청중으로 하여금 판단 및 의사결정을 효과적으로 쉽게 할 수 있도록 유도하는 의사소통
- 소통보다는 내용 전달, 공식적인 언어로 청중이 듣고 싶은 이야기를 차별화된 내용으로 구성하여 전달

● 프레젠테이션의 과정

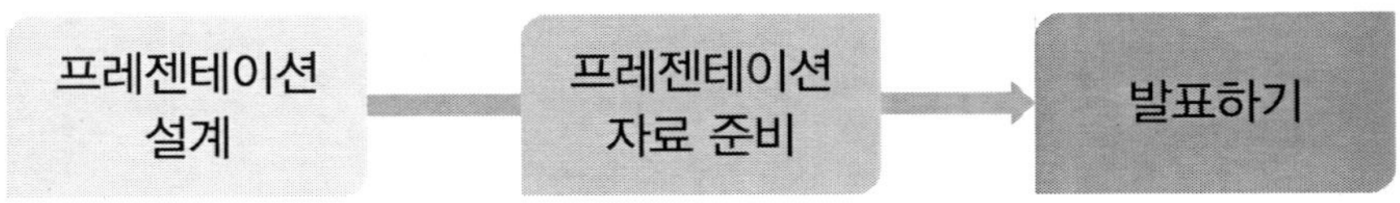

1) 프레젠테이션의 설계

● 기획

- 프레젠테이션 콘셉트 구상(목적과 목표 구체화, 목적에 적합한 주제와 소재 설정)
- 목적(Purpose), 청중(People), 장소(Place) 고려

● 자료수집

- 프레젠테이션을 통해 전달할 내용 파악
- 청중이 알고자 하는 내용 파악
- 주제와 관련된 다양한 경로를 통한 충분한 자료 확보
- 명확한 정보의 출처
- 불명확한 자료 배제

● 내용 설계

- 발표 내용을 다이어그램으로 조직화 및 구조화

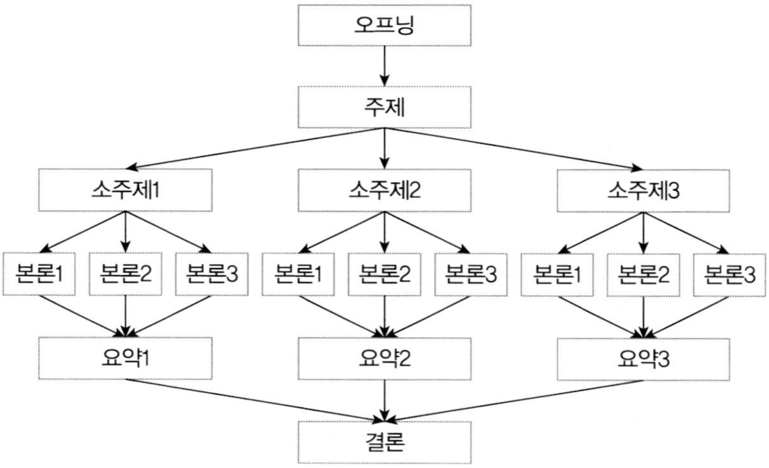

전체 아웃라인 구성 예시

- 내용 전개 방법 결정
  - 시간의 흐름

- 스토리텔링 형식
- 서론, 본론, 결론 3단 구성
- 문제 제기와 해결 제시
- 원인과 결과
- 주제별
- 육하원칙

2) 프레젠테이션 자료 준비

● 프레젠테이션 자료의 목적

- 가독성 증가
- 몰입 증가
- 인지적 노력 감소
- 주요 내용 초점

● 슬라이드 구성

- 슬라이드 템플릿 선택
  - 주제와 어울리는 템플릿
  - 청중의 시선을 끌 수 있는 템플릿
  - 전체적으로 조화로운 템플릿
  - 청중과 어울리는 템플릿
  - 장시간 발표를 해야 하면 어두운 톤의 템플릿
- 슬라이드 제작 시 고려사항
  - 슬라이드 전체의 통일성 유지
  - 하나의 슬라이드에 한 개의 메시지 전달
  - 구체적 설명을 위한 이미지 활용
  - 하나의 슬라이드에 이미지 4개 이하
  - 이미지, 클립아트는 강조되도록 배치
  - 시선의 흐름 고려

● 프레젠테이션 자료 설계 원리

선택 원리 (Selection principle)	조직화 원리 (Organization principle)	통합 원리 (Integration principle)
전경과 배경 강조	위계 적용	전체와 부분의 관계 지각
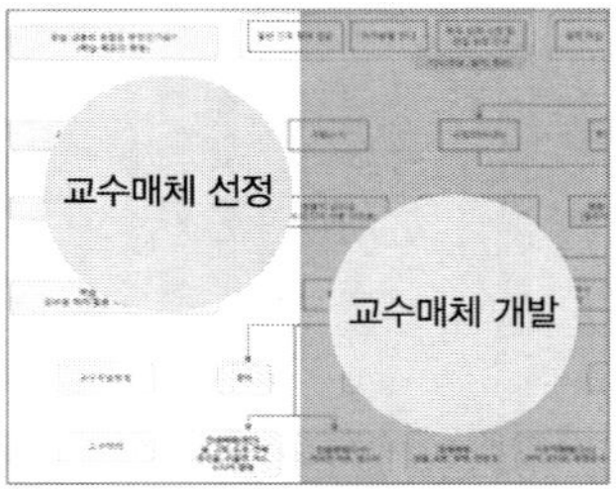	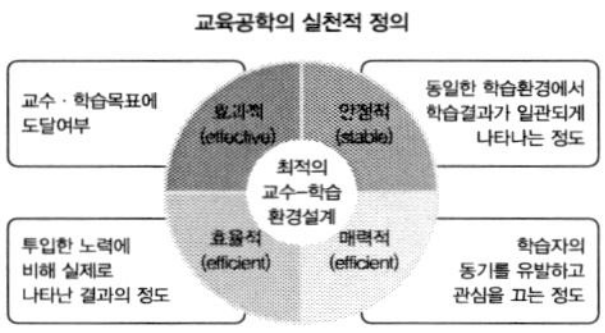	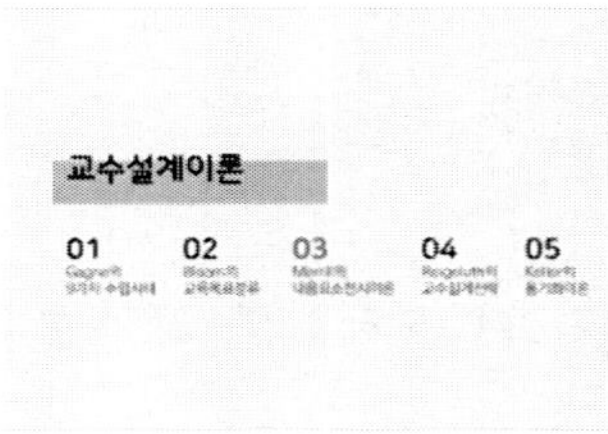

● 프레젠테이션 자료 설계 원리

- 단순성의 원리: 메시지는 단순하고 짧게, 텍스트는 크고 또렷하게 디자인
- 일관성의 원리: 한 개의 슬라이드에는 한 개의 메시지만
- 가독성의 원리: 인쇄용, 투시용에 적절한 서체 선택, 적합한 서체 크기 선택
- 맥락성의 원리: 목적과 용도에 따라 선별적으로 서체 사용
- 정렬과 대비의 원리: 왼쪽(기본 제시)/오른쪽(주의를 끌 때)/가운데(제목 제시) 정렬, 가독성을 높이기 위해 색상 대비
- 그래픽 이미지의 원리: 움직이는 이미지나 영상을 삽입하여 주의 환기, 하지만 과도한 이미지는 오히려 주의 분산시킴
- 애니메이션과 오디오의 원리: 강조할 내용에만 애니메이션 제작, 오디오는 중요한 텍스트와 함께 제시

3) 발표하기

● 리허설

- 설명할 내용 준비(큐카드나 노트)
- 질의응답에 대비하기

● 능숙한 발표자 vs. 부족한 발표자

능숙한 발표자	부족한 발표자
• 청중과 상호작용 • 풍부한 내용 • 철저한 준비 • 시간 엄수 • 밝은 표정 • 바른 자세 유지	• 일방통행 • 빈약한 내용 • 소홀한 준비 • 시간 초과 • 경직된 표정 • 바르지 않은 자세

● 청중을 집중시키는 방법

- 프레젠테이션 속도를 늦춤
- 발표 도중 갑자기 멈춰서 시선을 집중시킴
- 빈 슬라이드를 이용해 청중의 집중을 이끌어냄
- 목소리 크기의 변화를 줌
- 유머, 다양한 자료 등을 활용함
- 청중을 활동에 참여시킬 수 있는 전략을 활용함

● 효과적인 프레젠테이션 마무리

- 도입 내용 재언급
- 프레젠테이션 내용 요약
- 행동이나 믿음을 촉구하는 제안

■ **발표자가 빠지기 쉬운 함정**

- 함정1. 원고 읽기
  - 발표자는 "읽기"가 아니라 "말하기"를 해야 함
  - 자연스럽게 청중에게 말하는 것이 중요함
- 함정2. 보조도구에 집착
  - 발표자가 발표의 중심
  - 발표가 돋보일 수 있도록 적절한 시점에서 매체를 사용해야 함
- 함정3. 자아 도취
  - 청중을 배려한 발표가 중요함
  - 자기중심적인 발표로 청중과 단절된 발표는 지양해야 함

■ PPT 빠르게 잘 만드는 방법

- 깔끔한 PPT 만들 준비 시작
  - PPT 디자인을 위해 자신이 활용할 템플릿 10개, 폰트 5개, 색감 5개 준비
- 내용 개요를 작성해 둘 것
  - 워드에 내용을 정리한 후, 개념도나 표 만들기
- 쪽 설계를 해둘 것
  - A4 종이를 가로로 두고 연필로 슬라이드 아이디어 스케치

출처: 김교수의 세 가지 유튜브

프레젠테이션 전략 활동(1) 프레젠테이션 역량 진단

활동목표 나 자신의 프레젠테이션 역량을 확인해 봅시다.

활동내용 다음의 문항에 답해 보고, 나의 프레젠테이션 역량은 어떠한지 확인해 보세요.

문항	매우 그렇지 않다				매우 그렇다
	1	2	3	4	5
1. 발표의 목적을 명확하게 확인하고 준비한다.					
2. 내 발표를 듣는 청중을 고려하여 발표를 계획한다.					
3. 나는 명확하고 설득력 있는 발표를 위해 내용을 구성한다.					
4. 청중의 흥미를 유발하고 관심을 집중시키는 나만의 전략이 있다.					
5. 핵심내용을 중심으로 간결하게 발표 자료를 구성할 수 있다.					
6. 발표하기 전에 발표 내용과 발표 자료를 반드시 검토한다.					
7. 나는 발표자료(PPT)의 내용을 그대로 읽으면서 발표한다.					
8. 발표할 때 시선처리를 어떻게 해야 하는지 잘 알고 있다. (청중의 눈을 마주치는 것이 어렵지 않다)					
9. 발표하는 동안 적절한 제스처를 활용하는 것이 어색하지 않다.					
10. 청중의 행동 촉구, 설득을 위한 내용을 포함하며 마무리를 한다.					
총점					

- 50점: 최고의 발표자
- 40~49점: 훌륭한 발표자
- 30~39점: 보통 수준의 발표자
- 20~29점: 노력을 요하는 발표자
- 20점 이하: 개선해야 할 부분이 많은 발표자

프레젠테이션 전략 활동(2) 프레젠테이션 기획하기

활동목표 프레젠테이션 기획 과정을 연습해 봅시다.

활동내용 대학생을 대상으로 '환경'에 관한 프레젠테이션을 할 때, 어떤 주제로 프레젠테이션을 할 것인지 계획해 보세요. 주제 및 근거 선정 시 프레젠테이션 체크리스트를 참고하세요.

주제:

목표:

주장의 근거

자료명	내용	출처

전달하고자 하는 정보

①

②

③

프레젠테이션 전략 활동(3) 프레젠테이션 내용 설계하기

활동목표 프레젠테이션 내용을 구성해 봅시다.

활동내용 앞에서 기획한 프레젠테이션의 도입, 본론, 마무리 단계에 어떤 내용을 전달할 것인지 계획해보세요.

도입	(청중을 사로잡기 위한 방법 및 멘트)
본론	(주장을 효과적으로 전달하기 위한 방법, 사례, 통계자료, 슬라이드 디자인 등)
마무리	(감동적인 마무리를 위한 방법)

프레젠테이션 전략 활동(4) 프레젠테이션 발표 준비하기

활동목표 프레젠테이션에서 발표할 큐카드를 준비해 봅시다.

활동내용 앞에서 기획한 내용 중 한 부분의 큐카드를 만들어 보세요. 내용뿐만 아니라 제스처, 억양 등을 종합적으로 고려해서 작성해 보세요.

예상되는 PPT 슬라이드 내용	발표 내용 및 제스처

프레젠테이션 전략 활동(5) 프레젠테이션 슬라이드 디자인하기

활동목표 프레젠테이션 슬라이드를 적절하게 디자인해 봅시다.

활동내용 다음의 내용을 효과적으로 전달하기 위하여 키워드를 추출하고 어떻게 디자인할 것인지 계획해 보세요.

마케팅이란?

마케팅(marketing)은 시장 경제(exchange relationship) 또는 수요를 관리하는 경영학의 한 분야이다. 마케팅은 광고, 영업 등을 포함하여 창의성을 갖는 산업으로 비쳐왔으며 또한 소비자가 가질 만한 미래의 요구와 욕구를 예측하는 일로 한정되었으나 21세기 이후의 마케팅은 어떤 잠재적인 욕구를 자극하여 표면상으로 이끌어 내는 행위나 동기로서 용어의 범위가 시장에서 벗어나 일상의 행위에서도 마케팅이라는 용어가 등장하였다.

마케팅은 판매행위를 어떻게 구성하고 전달할 것인지에 대한 모든 일련의 행위를 포함하며, 또한 상대방이 자신에 대해 가지고 있는 잠재욕구를 자극하여 필요로 하게끔 만드는 행위와, 상품과 용역을 생산자로부터 소비자에게 원활히 이전하기 위한 비즈니스 활동을 포함한다. 즉, 생산자와 소비자의 희망을 결합해서 능률적인 공급을 하는 것이 마케팅이다. 그것을 위한 활동으로 시장조사, 상품화 계획, 판매촉진, 선전광고, 디지털 마케팅(digital marketing) 등이 있다.

프레젠테이션 전략 활동(6) 프레젠테이션 준비 체크리스트

활동목표 프레젠테이션 준비가 잘 되었는지 단계별로 확인해 봅시다.

활동내용 성공적인 프레젠테이션을 위해 단계별로 어떤 활동이 수행되어야 하는지 확인해 보세요.

<table>
<tr><th colspan="4">내용</th><th>YES</th><th>NO</th></tr>
<tr><td rowspan="20">프레젠테이션 설계</td><td rowspan="11">기획 및 자료</td><td rowspan="5">주제찾기</td><td>1. 이 주제에 대한 청중의 반응을 고민해 보았는가?</td><td></td><td></td></tr>
<tr><td>2. 이 주제는 최근 이슈가 되고 있는가?</td><td></td><td></td></tr>
<tr><td>3. 이 주제를 발표했을 때 사회적 변화가 예상되는가?</td><td></td><td></td></tr>
<tr><td>4. 이 주제는 우리의 삶에 긍정적인 영향을 미칠 수 있는가?</td><td></td><td></td></tr>
<tr><td>5. (조별과제일 때) 조원들 대다수가 동의한 주제인가?</td><td></td><td></td></tr>
<tr><td rowspan="6">근거찾기</td><td>6. 주제와 관련하여 가장 최근에 출판된 책은 찾았는가?</td><td></td><td></td></tr>
<tr><td>7. 주제와 관련된 가장 최근에 발표된 논문 3편 이상을 찾았는가?</td><td></td><td></td></tr>
<tr><td>8. 주제와 관련된 내용을 최근 언론 자료를 참고하였는가?</td><td></td><td></td></tr>
<tr><td>9. 주제를 뒷받침할 근거(혹은 정보)가 3개 이상 되는가?</td><td></td><td></td></tr>
<tr><td>10. 주제와 상반되거나 대립되는 정보도 찾았는가?</td><td></td><td></td></tr>
<tr><td>11. 주제에 대해 주변 사람들로부터 의견을 들어보았는가?</td><td></td><td></td></tr>
<tr><td rowspan="9">내용 설계</td><td colspan="2">12. 주제를 잘 전달하기 위하여 전체 구성을 계획하였는가?</td><td></td><td></td></tr>
<tr><td colspan="2">13. 프레젠테이션의 도입이 목적을 설명하고 청중의 관심을 사로잡는가?</td><td></td><td></td></tr>
<tr><td colspan="2">14. 프레젠테이션의 목적을 분명하게 정의하고 있는가?</td><td></td><td></td></tr>
<tr><td colspan="2">15. 스스로 프레젠테이션의 내용을 잘 이해하고 있는가?</td><td></td><td></td></tr>
<tr><td colspan="2">16. 프레젠테이션의 내용이 논리적으로 전개되는가?</td><td></td><td></td></tr>
<tr><td colspan="2">17. 결론이 분명하고, 도입과 잘 연계되는가?</td><td></td><td></td></tr>
<tr><td colspan="2">18. 무작정 붙여넣기보다는 주제에 맞는 부분을 정리하였는가?</td><td></td><td></td></tr>
<tr><td colspan="2">19. 프레젠테이션에 제시한 사실의 근거가 확인 가능한가?</td><td></td><td></td></tr>
<tr><td colspan="2">20. 자료의 출처를 제시히였는가?</td><td></td><td></td></tr>
</table>

내용		YES	NO
프레젠테이션 자료 준비	21. 최대한 가독성 있게 만들며 너무 많은 글씨를 사용하지 않았는가?		
	22. 슬라이드 디자인은 단순하고 간결한가?		
	23. 강조하고자 하는 부분에 적절한 디자인 요소(색상, 애니메이션 등)를 사용하였는가?		
	24. 폰트 사이즈가 너무 작거나 크지 않는가?		
	25. 내용과 어울리는 그림 및 사진을 배치하였는가?		
	26. 높은 해상도의 그림과 사진을 사용하였는가?		
	27. 프레젠테이션 메시지 설계의 원리에 맞게 구성되었는가?		
발표	28. 프레젠테이션 파일을 다양한 형식과 방법으로 저장하였는가?		
	29. 프레젠테이션의 길이를 확인하였는가? (정해진 시간을 넘어가지 않는가?)		
	30. 최소 1~2일 전에 발표를 위한 노트나 큐카드를 준비하였는가?		
	31. 어디서 숨을 쉬고 멈출 것인지 생각하였는가?		
	32. 실제 발표에 사용할 발표자료를 이용해 연습하였는가?		
	33. 친구나 동료 앞에서 리허설을 하였는가?		

오선아 외, 2022; 이현우 외, 2001; Thompson, 2016[1]의 내용을 재구성함

1) https://crk.umn.edu/writing-center/effective-presentations-checklist

마 리포트 작성 전략

● 좋은 글의 특징

- 적절하고 타당한 주제
- 명확하고 잘 읽히는 문장
- 짜임새 있는 구성

● 글쓰기는 목표는 '효과적인 의사 전달'을 위한 ① 핵심 전달, ② 빠른 전달, ③ 원하는 반응 획득

● 좋은 글을 쓰기 위한 지침

- 명확한 목표 수립(왜, 무엇을 위해 쓰는가? 누가 읽을 것인가?)
- 풍부한 자료 준비
- 바른 문장, 글의 장르와 성격에 맞게 작성하는 능력
- 실험과 창조의 정신 발휘
- 주제와 논점이 뚜렷한지 지속적으로 점검
- 정성을 다해 글 다듬기

● 말하기와 쓰기의 차이점

말하기	쓰기
문맥이 주어진다.	작가가 문맥을 지어낸다.
화자와 청자 간 상호작용이 있다.	독자가 눈 앞에 존재하지 않기 때문에 상호작용이 이루어지지 않는다
대화를 나누는 상대가 구체적이다.	글을 읽는 사람이 누구인지 불분명한 경우가 많다.
청자로부터 즉각적인 반응이 예상된다.	독자의 반응을 작가가 예상해야 한다.
일시적이다(청자는 즉각적으로 이해해야 한다)	영구적이다(필요한 만큼 자신의 속도로 읽을 수 있다).
문장과 문법이 정리되지 않는다.	문장과 문법이 완벽하게 정리되어야 한다.
비언어적 표현(표정, 제스처, 억양, 속도 등)의 도움을 받아 원활한 의사소통이 가능하다.	구두점, 밑줄긋기 등 강조하기 위한 장치들이 보조 수단으로 사용된다.

● 글쓰기의 단계

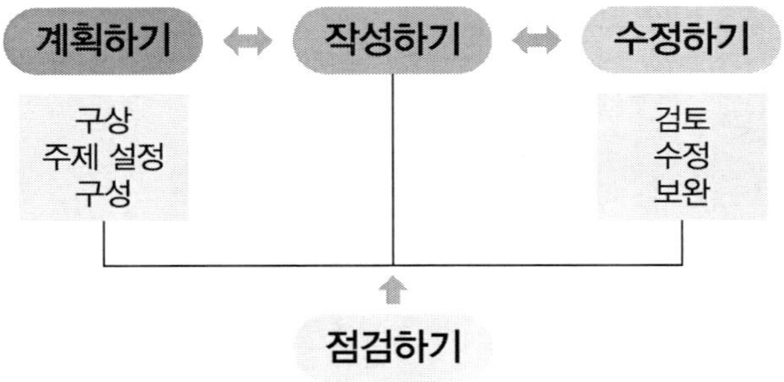

- 1단계: 전단계(pre-writing)
  - 글을 작성하기 전에 계획하고 목표를 세우며, 아이디어를 수집하고 정리하는 단계
  - 자신의 글을 읽는 대상을 고려해야 함
- 2단계: 초안 작성
  - 글을 직접 작성해 보면서 아이디어를 구조화하거나 정리, 혹은 새로운 아이디어를 발견하는 단계
  - 내용의 구조를 고려하면서 빠진 것은 없는지 살펴보아야 함
- 3단계: 수정
  - 작성한 초안을 재조직화하고 세련되게 만드는 단계
  - 수정을 하면서 내용, 표현방식, 어휘, 문장구조, 아이디어 계열 등이 변화될 수 있음
  - 초안 수정 후, 편집을 통해 문법적 오류를 확인함
  - 이 단계는 비판적 관점에서 자신의 글을 읽는 태도가 필요함
- 4단계: 공유 및 점검하기
  - 글을 읽게 될 사람들과 소통이 잘 되는지 확인하는 단계
  - 자신의 의도가 잘 전달되는지를 확인하고 다른 사람에게서 피드백을 받게 됨

● 좋은 글의 조건

- 독창성: 표현과 내용이 참신한 글로 소재, 작가의 시각, 표현이 독창적일 때 가

능함(하지만, 독자의 공감을 얻을 수 없다면 독창적인 것이 무조건 좋은 것은 아님)
- 충실성: 읽을 가치가 있는 글로 소재와 주제가 명료해야 함
- 진실성: 독자에게 신뢰감을 주고 설득력이 있는 글로 소재에 대한 작가의 깊은 고민이 필요함(여러 정보의 단순 나열 혹은 지나친 기교는 진실성을 사라지게 함)
- 명료성: 작가가 전달하고자 하는 바를 독자가 쉽게 이해할 수 있는 글로 너무 어렵거나 길고, 모호한 문장, 막연한 표현을 명료성을 해치게 됨
- 정확성: 올바른 의미 전달을 위해 논리에 맞는 문장을 사용하고 문법을 준수하는 글
- 경제성: 최소한의 표현으로 최대한의 의미를 전달하는 글로 명료성 및 정확성이 높아야 함(표현이나 의미가 같은 말, 동일한 단어 등을 피해야 함)
- 정직성: 다른 사람의 글을 인용하는 경우가 많은 글쓰기에서 출처를 명확하게 표현해야 함
- 관련성: 글의 목적, 독자를 분명하게 인식하고 상황에 맞는 글을 작성해야 함

● 효율적인 글쓰기 vs. 비효율적인 글쓰기(Flower, 1993; 이현우 외, 2001, p.320 수정 및 보완)

- 비효율적 글쓰기가 좋은 글을 작성하는 데 불필요한 방법은 아니지만, 짧은 시간 안에 원하는 목적에 따른 글을 완성하고자 할 때는 효율적인 글쓰기 방법을 활용하기

효율적인 글쓰기	비효율적인 글쓰기
주제, 구성, 표현 등에 대해 다양한 아이디어를 얻을 수 있도록 브레인스토밍하기	물 흐르듯 글쓰기를 기대하며 영감 기다리기
말하고자 하는 요점 놓치지 않기	어떤 내용을 전달하고자 하는 목적 없이 글쓰기
머릿속에 떠오르는 생각들은 시각적으로 옮겨놓는 메모 활용하기	언젠가 좋은 문장을 쓸 수 있다는 희망을 가지고 시행착오에 의한 문장 쓰기
글을 한 번에 완성하겠다는 욕심, 완벽하게 쓰겠다는 욕심 버리기	지나친 부담감을 가지고 완벽한 초고 쓰기

● 글쓰기 공시 O.R.E.O.

- 오레오(O.R.E.O.) 공식
  - 1단계 Opinion(의견 주장하기): 논리정연한 메시지를 만들기 위해 핵심 내용을 명료하게 다듬는 과정
  - 2단계 Reason(이유 대기): 1단계에서 주장한 의견에 타당한 근거를 들어 증명하는 과정, 객관적인 수치로 의견이 증명되면 빠른 설득 가능
  - 3단계 Example(사례 들기): 예시와 사례로 증명에 쐐기를 박고 독자의 공감을 끌어내는 단계
  - 4단계 Opinion(의견 강조하기): 독자에게 전달하고자 하는 핵심을 거듭 강조하는 단계

■ 설득력 있는 글에 꼭 필요한 논리 삼총사

- 결론: 무엇을 어쩌라는 거지?
- 이유: 왜 그래야 하지?
- 근거: 그 이유가 타당한 기준은?

■ 오레오 공식 전 정리하기

- 타깃(Target): 독자는 누구인가?
- 아이디어(Idea): 독자에게 무슨 말을 할 것인가?
- 가치 제안(Value Proposition): 독자에게 전하는 매혹적인 약속

- 오레오 공식으로 설득력 있는 글쓰는 과정
  ① Opinion(의견 주장), Reasons(이유), Example(사례), Opinion(의견 강조)에 해당하는 내용을 각 1줄씩 작성하기
  ② 각 1줄을 핵심 주제로 두고 여기에 세부 내용을 보태서 단락 만들기
  ③ 각각 논리적으로 완결된 4개의 단락을 연결하기
- 오레오 공식에 따라 생각을 명료하고 구체적으로 만드는 단계별 문장식
  - Opinion(의견 주장하기): 만일 ~하다면, 이렇게 하라.
  - Reason(이유 대기): 왜냐하면 ~이기 때문이다.
  - Example(사례 들기): 예를 들면~
  - Opinion(의견 강조하기): 그러니 ~ 하려면 이렇게 해보라.

(송숙희, 2020)

- 리포트란?
  - 논문의 형식을 갖춘 짤막한 글로 특정 주제에 대한 이해도와 특정 질문에 대한 문제해결력, 조사, 연구 능력을 보여 주기 위한 글

- 리포트 과제의 목적
  - 수업에서 배운 내용을 얼마나 이해하고 있는지 확인 가능
  - 수업에서 배운 내용과 관련하여 내 생각을 얼마나 잘 정리할 수 있는지 확인 가능

- 리포트 유형
  - 정해진 교재를 읽고 내용을 정리하여 제출하는 리포트
  - 정해진 주제에 대한 자신의 의견을 정리하여 제출하는 리포트
  - 정해진 범위 내에서 스스로 주제를 정하고 내용을 정리하여 제출하는 리포트

- 리포트 작성 단계

주제 설정 → **자료 찾기** → **아웃라인 짜기** → **초고 작성** → **원고 수정**

- 주제 설정
  - 일반적으로 추상적, 포괄적, 광범위하게 제시
  - 더 구체적으로 주제의 범위를 좁혀서 리포트 주제 설정
  - 평소 관심사, 밀접한 영역에서 탐색
  - 관련 연구 데이터, 참고 자료가 많은 주제
  - 수업 시간에 배운 내용 혹은 선행연구 요약 중점
  - 자신의 생각이나 참신한 아이디어 제시 중점

- 자료 찾기
  - 교재 활용하기
  - 학술논문 활용하기
  - 키워드를 사용하여 자료 탐색하기
- 자료를 수집할 때는 논문, 서적, 매체를 통해 신뢰도가 높은 자료를 선별하는 것이 매우 중요
- 학교 홈페이지와 연계된 학술 논문사이트를 활용하여 전문적인 자료 이용
- 자료에 대한 출처는 반드시 표기하기
- 아웃라인 짜기

구조	내용
주제	• 보고서에서 가장 중요한 논리 혹은 핵심 주장을 1~2개 문장으로 정리
서론	• 보고서의 목적 및 핵심 아이디어, 보고서의 주제, 쟁점, 보고서의 아웃라인, 아이디어의 배경, 앞으로의 전개에 대한 언급
본론	• 주장을 위한 논거가 되는 주제문 정리 및 수집한 근거 배열 • 주장을 뒷받침하기 위한 주요 사례들 정리 • 세부 주장마다 근거를 제시하며 글 작성
결론	• 보고서를 통해서 주장하고자 하는 내용을 종합적으로 요약 제시

*오레오(O.R.E.O.) 공식에 따라 작성해 보기

- 초고 작성
  - 개요를 바탕으로 글 구성
    - 두괄식 글쓰기: 주제문 맨 앞에 위치
    - 한 문장은 2줄 이상이 넘지 않도록, 한 문단은 5문장 내외
  - 전체적인 내용의 구조를 파악하며 작성
    - 앞뒤 맥락을 파악하며 작성, 적당한 접속부사 활용
  - 참고문헌 정리
    - 내용을 참고한 문헌은 반드시 출처 표기

- 단행본 – 저자명 (출판 연도). 단행본명. 출판장소: 출판사.
- 학술지 논문 – 저자명 (출판 연도). 연구 제목. 학술지명, 게재권(호), 쪽수
- 번역서 – 원저자명 (본문에서 인용한 번역서의 출판 연도). 번역서명[원전의 제목(알고 있는 경우만)]. (역자명 역). 번역서의 출판장소: 번역서의 출판사. (원전의 출판 연도)
- 학위논문 – 저자명 (출판 연도). 논문 제목. 학위수여 대학과 학위명.
- 인터넷 자료 – 자료 게시자 등 자료 이름 (자료의 연도). 자료명. 주소에서 0000(년). 0(월), 0(일) 인출
- 신문기사
  - 사설이나 일반 기자가 쓴 기사: 신문명 (발행일자의 연, 월, 일). 기사 제목. 게재면
  - 독자 혹은 특정인의 기고: 기고자명 (발행일자의 연, 월, 일). 기사 제목. 00신문, 게재면

- 원고 수정
  - 리포트 수정 시 확인해야 하는 것
    - 논리성: 단락마다 논리적으로 연결되어 있는가?
    - 통일성: 모든 단락은 한 가지 주제를 말하는가?
    - 정확성: 철자법, 문법, 구두점은 올바른가?
    - 객관성: 각주, 인용문, 참고문헌은 정확한가?

■ 리포트를 완성하는 꿀팁

- 표지 활용
  - 깔끔한 디자인
  - 제목, 과목명, 담당교수명, 학과, 학번, 이름, 제출일자 등 기재
- 목차 제시: 해당 부분의 페이지 번호 기재
- 사진, 도표 등의 적절한 활용
- 참고문헌 표기: 형식도 중요하지만 출처를 꼭 밝히기
- 오 · 탈자 확인
- 리포트 분량: 교수님이 제시한 적정량의 범위
- 제출기한 엄수
- 이메일 제출방법
  - 수강교과목명/메일발송 목적/학과/학번/이름
  - [대학학습의원리] 중간보고서 제출 - 간호학과 231000001 김밀알
  - 내용: 간략하게라도 인사
  - 첨부자료: 수강교과목명/과제유형/학번/이름

리포트 작성 전략 활동(1) 글쓰기 습관 점검하기

활동목표 나의 글쓰기 습관을 확인해 봅시다.

활동내용 나의 평소 글쓰기 습관을 생각해 보며, 다음의 내용에 관해 나의 모습은 어떠한지 평가해 보세요.

내용	1	2	3	4	5
1. 글쓰기를 좋아하고 즐긴다.					
2. 글쓰기 전에 머릿속에 전체 글의 내용을 구성해 본다.					
3. 읽는 사람의 입장을 염두에 두고 쓴다.					
4. 간결하게 쓴다. (짧은 단어, 짧은 문장, 짧은 단락을 사용한다.)					
5. 진부하고 에두른 말은 피하고 이야기하듯, 알기 쉽게 쓰려고 한다.					
6. 마감 기일 같은 것에 부담을 느끼지 않으면서 글을 쓰는 편이다.					
7. 글쓰기 도중에 다시 읽어보고 내용 수정을 많이 한다.					
8. 쓴 글을 제출하기 전 학교 친구나 제3자에게 글에 대한 평가를 구한다.					
9. 좋은 글을 쓰기 위해서 의도적인 노력을 한다.					
10. 글을 쓰고 다시 고칠만한 시간을 충분히 계획한 상태에서 글을 쓴다.					

(1=매우 그렇다, 2=그렇다, 3=보통이다, 4=그렇지 않다, 5=전혀 그렇지 않다)

점수	내용
30점 미만	적절한 글쓰기 전략을 활용하지 못하고 있는 것으로, 쓰기에 관한 자신의 습관 점검 및 개선 필요
30점 이상	적절한 글쓰기 전략을 활용하고 있으며, 추가적인 개선을 통해 더 나은 글쓰기 가능

글쓰기 과정 평가(이현우 외, 2001)

리포트 작성 전략 활동(2) 5W와 1H를 사용한 글쓰기

활동목표 육하원칙에 따라 글쓰기 연습을 해봅시다.

활동내용 '떠돌이 고양이'라는 주제로 신문기자처럼 육하원칙(5W 1H)를 적용하여 하나의 이야기를 써보세요.

- 누가(Who)
- 언제(When)
- 무엇을(What)
- 왜(Why)
- 어디서(Where)
- 어떻게(How)

전명남, 2015의 내용 수정

리포트 작성 전략 활동(3) 브레인스토밍 연습하기

활동목표 글을 쓰기하기 위한 브레인스토밍을 해봅시다.

활동내용 '대학 생활'이라는 주제로 글을 어떻게 쓸 것인지, 목적과 전개 방식을 팀원과 함께 논의하며 브레인스토밍을 해보세요.

글의 목적:

리포트 작성 전략 활동(4) 오레오(O.R.E.O.) 공식 연습하기

활동목표 오레오 공식에 따라 글쓰는 연습을 해봅시다.

활동내용 앞에서 브레인스토밍한 내용을 바탕으로 '대학생활'에 관해 오레오 공식에 따라 글쓰기를 해보세요.

■ 오레오 공식 전 정리하기

– 타깃(Target):

– 아이디어(Idea):

– 가치 제안(Value Proposition):

■ 설득력 있는 글에 꼭 필요한 논리 삼총사
- 결론: 무엇을 어쩌라는 거지?
- 이유: 왜 그래야 하지?
- 근거: 그 이유가 타당한 기준은?

- Opinion(의견 주장하기)

–Reason(이유 대기)

–Example(사례 들기)

–Opinion(의견 강조하기)

리포트 작성 전략 활동(5) 리포트 작성 연습하기

활동목표 참고한 문헌의 내용을 나의 문장으로 작성해 봅시다.

활동내용 다음 글을 읽고 나의 글로 다시 작성하며, 다른 사람의 글을 짜깁기 하지 않고 나의 문장을 쓰는 연습을 해보세요.

초등학교 시기는 기초학력을 습득하여 다음 시기를 준비하는 학습과정의 중요한 기초단계이며, 청소년기는 상급학년으로 진급함에 따라 학업부담이 증가하는 시기로 학습이 가장 중요한 발달과제로 여겨진다(김동일, 방나미, 정여주, 허은, 2010). 초등학생뿐만 아니라 중 · 고등학생에게도 학습문제는 성적이나 평가를 넘어 학생의 전반적인 자아개념, 대인관계의 발달, 가족관계, 인지 및 정서적 영역 등에 광범위하게 영향을 주는 중요한 요인이다(김동일, 신을진, 황애경, 2002). 학업성취도가 높은 학생은 담임교사의 암묵적인 지지를 많이 받고, 친구들에게 부러움과 호기심의 대상이 되기 때문이다(조한익, 2013). 구체적으로 초등학생인 아동의 경우 높은 학업성취로 인한 담임교사의 지지가 큰 영향을 미치고, 중 · 고등학생인 청소년의 경우 학업성취가 또래관계에 미치는 영향력이 매우 크다.

김동일, 안예지, 오지원, 윤지수, 박새미, 최수미 (2018). 학습전략이 학업성취에 미치는 영향: 학습자 특성과 중재조건에 따른 메타분석. 교육문화연구, 24(5), 57-82.

리포트 작성 전략 활동(6) 리포트 제목 정하기

활동목표 리포트 제목을 정하는 연습을 해봅시다.

활동내용 다음의 주제를 보고, 적절한 리포트 제목을 작성한 후 팀원들과 공유해 보세요.

■ **다음의 주제를 보고 리포트 제목을 정해 보세요.**

① 학습전략의 유형과 적용 방법

② 기후 변화와 그 영향

③ 사회적 약자를 위한 보호와 지원 방안

리포트 작성 전략 활동(7) 참고자료 정리하기

활동목표 리포트 작성에 필요한 참고자료를 찾고 정리하는 연습을 해봅시다.

활동내용 팀원과 함께 활동(6)에서 작성한 리포트 제목 중 하나를 선택하고, 리포트를 작성하기 위해 필요한 참고자료를 찾아서 정리해 보세요.

No.	자료명	내용	출처

리포트 작성 전략 활동(8) 리포트 구조 작성하기

활동목표 리포트 작성을 위한 아웃라인을 계획해 봅시다.

활동내용 활동(7)에서 정리한 참고문헌을 바탕으로 주제를 뒷받침하는 세부 아이디어를 2~3개를 제시하고 그에 맞는 근거들을 정리하며, 리포트를 어떻게 작성할 것인지 계획해 보세요.

구조	내용	참고자료
서론		
본론		
결론		

리포트 작성 전략 활동(9) 리포트 작성 체크리스트

활동목표 리포트 제출 전 리포트가 잘 작성되었는지 확인해 봅시다.

활동내용 리포트의 내용, 형식, 문법, 참고문헌이 잘 작성되었는지 다음의 체크리스트를 바탕으로 확인해 보세요.

구분	내용	YES	NO
리포트의 내용	1. 제목이 리포트 내용을 잘 드러내고 있는가? (제목만 읽어도 어떤 내용인지 파악할 수 있는가?)		
	2. 리포트의 제목이 구체적이고 명확한가? (교수님이 제시한 주제를 그대로 사용하고 있지 않은가?)		
	3. 리포트의 주제가 구체적이고 명확한가?		
	4. 서론에서 리포트의 목적과 핵심 아이디어, 주제, 쟁점, 배경 및 앞으로의 내용을 제시하는가?		
	5. 본론은 주제의 세부 주장과 적절한 근거를 제시하는가?		
	6. 본론은 주제 혹은 주장을 뒷받침하는 사례들을 제시하는가?		
	7. 결론에서는 리포트에서 주장하고자 하는 내용을 종합하여 요약하는가?		
	8. 리포트에서 가장 중요한 핵심을 1~2개의 문장으로 정리하여 주제로 제시하는가?		
	9. 리포트의 내용을 이해하기 위해 다른 자료를 찾아봐야 하는가? (배경지식이 없어도 리포트만 읽고 이해할 수 있는가?)		
	10. 제목을 통해 기대되는 내용을 본문에서 확인할 수 있는가?		
	11. 교수님이 요구하는 내용이 담겨 있는가?		
	12. 다른 사람에게 리포트를 읽어보게 하였는가?		
	13. 원고 수정의 과정을 거쳤는가?		
리포트 형식	14. 리포트의 유형, 주제, 형식(폰트, 줄간격), 분량, 제출 마감일을 확인하였는가?		
	15. 페이지, 주석, 표, 참고문헌 등이 교수님이 제시한 형식에 맞게 작성되었는가?		
	16. 형식에 맞게 표지를 제작하였는가?		
	17. 목차 페이지 번호와 본문의 페이지 번호가 일치하는가?		

	내용	YES	NO
문법	18. 명확한 단어를 사용하고 있는가?		
	19. 오타(한글 및 영어)는 없는지 확인하였는가?		
	20. 문장 내에서 조사가 적절하게 사용되어 문장의 의미를 명확하게 하는가?		
	21. 주어와 서술어가 호응하는가?		
참고문헌	22. 신뢰할만한 참고문헌을 활용하였는가? (나무위키, 네이버와 같은 자료 사용을 지양하였는가?)		
	23. 참고자료의 출처를 제시하고 있는가?		

바 읽기 전략

- 읽기 기술은 학업성취와 관련한 핵심요소
- 읽기는 글에서 정보를 수집해서 독자 나름대로 재구성하여 이해하는 고도의 인지 과정
- 효과적인 읽기를 위한 세부적 활동은 크게 읽기 전, 읽기 단계, 읽기 후로 구분

● 읽기의 단계

읽기 전 단계	읽기 단계	읽기 후 단계
– 개괄하기 – 주요개념과 단어 설명 – 목적 설정과 계획 세우기 – 구조 분석하기 – 평가 관련성 고려	– 노트하기 – 개요 작성/시각화 – 요약하기 – 읽는 중 이해도 점검 – 적절한 속도 유지하기	– 읽은 내용 묻고 답하기 – 요점 결정하기 – 자신의 말로 옮겨쓰기 – 다른 사람에게 설명하기

● 읽기전략 – SQ4R

- 개관하기(Survey)
  - 읽기 자료를 대충 훑어보는 단계로 서문, 목차, 제목과 소제목, 요약, 그림, 표 등 읽기
  - 배경지식 형성
  - 한 단원 4~5분 정도
- 질문 만들기(Question)
  - 읽기 이해력의 향상을 위해 읽을 내용에 대한 질문 만들기
  - 읽기자료의 제목을 질문 형태로 도입할 수 있음
  - 질문 구성과 답하기의 효과
- 읽기(Reading)
  - 주어진 자료를 주의깊게 읽으면서 질문의 답을 찾는 과정
  - 중요한 자료는 시간을 많이 들여 읽고, 중요하지 않은 자료는 빨리 읽기

- 주요 단어와 구절에 밑줄 긋기

- 암기(Recite)
  - 질문 만들기와 읽기 단계에서 기록한 내용을 보지 않고 질문과 해답을 암기
  - 책을 보지 않고 요점들을 자신의 말로 표현
- 개요쓰기(wRite)
  - 암기 단계에서 암기한 내용들을 개요 형태로 써보는 과정
  - 정보의 저장과 의미와 구조를 익히게 됨
  - 어휘 증가 및 이해 증진
- 복습하기(Review)
  - 중심 내용들을 재검토하는 단계
  - 핵심 아이디어와 세부내용의 확인과 암기

■ **빨리 읽을 수 있는 방법**

(1) 몸의 자세 : 빨리 읽기 위해서도 준비 필요. 책상이나 탁자 앞에 등을 꼿꼿이 세우고 앉고, 그래도 집중하기 어려우면 일어서서 읽을 것

(2) 시간제한 : 읽을 때 시간을 측정할 수 있는 시계를 사용하고, 한 시간 내에 2~3개 단원을 읽겠다는 등의 목표를 정할 것. 그 목표를 달성했다면 이번에는 50분 안에 같은 양을 읽겠다는 목표를 정해 볼 것

(3) 긴장을 풀 것 : 긴장을 풀었을 때 빨리 읽기가 가능할 뿐만 아니라 쉬워짐. 편안한 상태는 집중력을 높임

(4) 눈동자를 빠르게 움직일 것 : 책을 읽을 때 우리 눈은 '새키드(saccade)'라고 하는 단속적인 안구 이동을 하면서 빠르게 페이지 위를 이동한다. 우리가 각 행을 연결시켜서 본다고 착각하지만, 실제로는 단어들을 묶어서 세 단어씩을 한꺼번에 보게 됨. 새키드를 줄이기 위한 한 방법은 손가락을 쫓아가면서 책을 읽는 것인데, 손가락이 빠르게 움직이면 움직일수록 우리 눈도 더 빠르게 움직일 수 있음

(5) 비효율적인 습관을 없앨 것 : 좋지 않은 습관 중 하나는 뒤로 돌아가서 다시 읽는 것. 이런 습관을 알아채고 줄여야 하며, 속으로 소리내어 읽지 않도록 주의하고, 글자를 하나하나 읽는 것도 피하도록 할 것

(6) 시간의 압박을 받는다면 대강 훑어보기 : 시간에 쫓긴다면 제목, 소제목, 목록, 차트, 그래프, 그리고 요약단락을 읽을 것. 요약은 특히 더 중요하다. 요약은 대개 장이나 절의 처음이나 마지막에 나와 있음

(7) 융통성을 발휘할 것 : 속도가 전부가 아님을 기억할 것. 읽기에 능숙한 사람은 자료의 목적과 성격에 따라 다른 속도로 읽는 연습을 할 것

읽기 전략 활동(1) 읽기 연습

활동목표 효과적인 읽기 연습으로 읽기 기술을 습득해 봅시다.

활동내용 아래 주어진 다양한 글을 읽고 내용을 파악하여 작성해 보세요.

● 다음 글을 읽고 오른쪽 〈보기〉에서 빈칸에 들어갈 알맞은 말을 적어 넣어 보세요.

산업화 이후 여러 집에서 나오는 하수도 물이나 공장에서 나온 폐수로 강이 오염되어 물고기가 죽어 가고 있다. 플라스틱같이 썩지 않는 쓰레기나, 농약에 섞인 수은 등이 땅에 쌓여 식물들이 살기 어렵게 되었다. 또한 자동차가 뿜는 독한 가스, 공장 굴뚝에서 나오는 해로운 물질이 공기 속에 섞여 그 공기를 마시며 사는 동물과 식물이 뜻하지 않은 병에 걸려 죽어 가고 있다. 그리고 산업폐기물, 유조선의 난파로 인한 기름 유출로 인해 바다 생물까지도 죽어가고 있다.

구성하기 → 산업화 이후 [   ] 의 폐해가 심각해지고 있다.

〈보기〉

- 수질 오염
- 대기 오염
- 토양 오염
- 해양 오염
- 환경 오염

● 글을 읽고 〈보기〉에서 단어를 선택하여 요약문을 만들어 보세요. 〈보기〉에서 알맞은 말을 골라 빈칸에 넣으세요.

어떤 사람이 독수리 알을 주워 자기집 뒤뜰에 있는 닭장에 가져다 놓았다. 독수리 알은 병아리와 부화되어 함께 자랐다. 어린 독수리는 어미 닭을 쫓아다니며 스스로를 닭이라고 생각했다. 독수리는 병아리들이 하는 대로 땅바닥을 발로 긁고 벌레를 부리로 콕콕 찍어 잡아먹었다. 독수리의 날개는 푸드득 서너 번 날개짓을 할 뿐 날지 못했다. 독수리는 점점 닭이 되어 갔다. 세월이 흐르고 어느덧 늙어버린 독수리는 어느 날 문득 하늘을 쳐다보다가 한 마리 새를 발견했다. 그 새는 금빛 날개를 여유 있게 펄럭이며 세찬 바람 속을 유유히 날아갔다. 독수리는 당당한 새의 모습에 부러움을 느끼며 옆에서 모이를 쪼고 있던 닭에게 저 새가 무슨 새냐고 물었다.

"저 분은 새들의 왕이신 독수리님이야."

"야! 나도 저렇게 날아봤으면............"

독수리가 날개를 푸드덕거렸다.

그러자 닭이 비웃으며 말했다.

"엉뚱한 생각 말아. 너와 난 그분과는 다른 신분이야."

늙은 독수리는 쓸데없이 크기만 한 날개를 접으며 생각했다.

"맞아. 나는 닭일 뿐이야."

끝까지 자기자신을 닭이라고 생각한 독수리는 평생 모이만 쪼다가 죽었다.

보 기	독수리	닭장	병아리	날개	닭	새들의 왕	자기자신

[　　　　] 이 누구인지 알지 못한 [　　　　] 는 평생 [　　　　] 으로 살다 죽었다.

● 학교 신문에 실린 기사문입니다. 이 기사를 읽고 육하원칙의 요소를 찾아 한 문장으로 요약해 봅시다.

2012년 10월 20일 교육부 주관으로 제2회 직업진로지도 박람회가 본교 강당 및 1학년 교실에서 열렸다. 본교 학생들에게 취업에 대한 정보를 제공하기 위해 '이력서 및 자기소개서 쓰기', '근로 계약서 쓰기', '이력서에 넣을 사진 찍기', '이미지 메이킹 특강', '졸업생 멘토 특강'등 취업과 관련된 다양한 프로그램들이 진행되었다. 특히 '졸업생 멘토 특강' 프로그램에서는 본교 졸업생이 재학생들에게 취업에 관련된 자신의 경험담을 소개하고 후배들의 질문에 답하는 시간을 가졌다. 이 행사로 인해 본교 재학생들의 취업에 대한 관심이 고조되었다.

누가	
언제	
무엇을	
어디에서	
왜	
어떻게	
한 문장으로 요약하면	

사 스트레스 관리 전략

● 스트레스란?

- 라틴어의 stringer(팽팽히 죄다 : 긴장)에서 유래한 단어
- 인간이 심리적 · 신체적으로 감당하기 어려운 상황에 처하게 되었을 때 느끼는 불안과 위협의 감정
- 삶의 모든 영역에 존재하며, 스트레스는 인간이 적응해 나가야 할 변화를 의미함

● 스트레스의 원인

- 환경적 원인의 스트레스 : 개인이 경험하는 긍정적 또는 부정적인 여러 변화(시험, 연애 등)
- 심리적 원인의 스트레스 : 개인의 성격특성으로 받는 스트레스(완벽주의, 불안 등)

스트레스의 원인

스트레스의 본질		통제 가능	통제 불가능
스트레스의 원인	환경적 원인	– 한꺼번에 여러 활동이나 일을 해야 하는 상황 – 경쟁적 환경, 마감일 임박, 높은 실패 가능성	– 질병, 죽음, 사고 – 가족문제 – 금전문제 – 의도치 않은 환경변화
	심리적 원인	– 잘못된 시간 관리 – 미루는 습관 – 업무관리능력 부족	– 부정적 자아개념 – 끈기 부족 – 불안

- 대학생들의 스트레스 원인 : 시간의 압박, 대학 생활 불만족, 경제적 어려움, 대인관계 및 이성문제, 정서적 · 사회적 자원의 부족, 학습 문제, 자아정체성 및 진로 문제 등
- 스트레스로 인한 증상 : 수행 수준이 평소보다 떨어짐, 피로감, 우울감, 공격성, 건망증 등

● 스트레스의 대처방식

- 스트레스의 잘못된 대처방식 : 술과 담배, 약물을 통한 해소, 인스턴트 식품 섭취, 카페인, 중독 등
- 스트레스 대처방식
  - 문제중심 대처 : 문제를 해결하기 위해 정보를 구하고 필요한 행동은 적극적으로 실행에 옮김
  - 정서중심 대처 : 스트레스로 인해 유발된 괴로운 감정을 완화시키려는 것을 목적으로 함

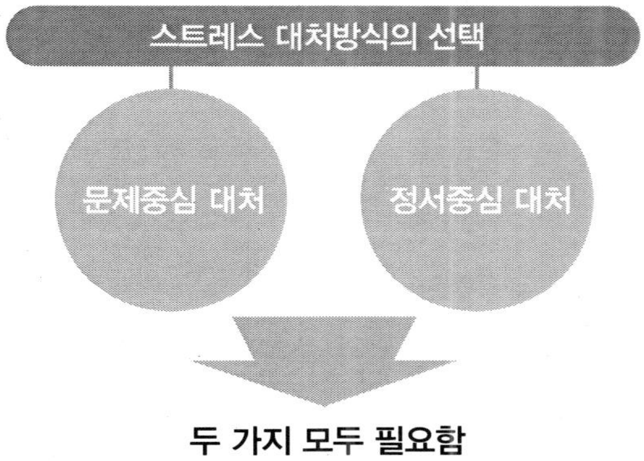

스트레스 대처방식

- 올바른 대처방식 : 충분한 수면시간 확보, 규칙적 운동, 긍정적 사고 등

스트레스 관리 전략 활동(1) 스트레스 검사

활동목표 나의 스트레스 정도를 측정해 봅시다.

활동내용 아래의 문항을 읽고 자신에게 해당되는 것에 체크한 뒤에 점수를 합산해주세요.

문항	전혀 없었다	거의 없었다	때때로 있었다	자주 있었다	매우 자주 있었다
1. 최근 1개월 동안, 예상치 못했던 일 때문에 당황했던 적이 얼마나 있었나요?	0	1	2	3	4
2. 최근 1개월 동안, 인생에서 중요한 일들을 조절할 수 없다는 느낌을 얼마나 경험하였나요?	0	1	2	3	4
3. 최근 1개월 동안, 신경이 예민해지고 스트레스를 받고 있다는 느낌을 얼마나 경험하였나요?	0	1	2	3	4
4. 최근 1개월 동안, 개인적 문제를 다루는 데 있어서 자신감이 없다는 느낌을 얼마나 자주 느꼈나요?	0	1	2	3	4
5. 최근 1개월 동안, 일상의 일들이 나의 생각대로 진행되지 않고 있다는 느낌을 얼마나 경험하였나요?	0	1	2	3	4
6. 최근 1개월 동안, 내가 꼭 해야 하는 일을 처리할 수 없다고 생각한 적이 얼마나 있었나요?	0	1	2	3	4
7. 최근 1개월 동안, 일상생활의 짜증을 다스리기 힘들다고 느낀 적이 얼마나 있었나요?	0	1	2	3	4
8. 최근 1개월 동안, 최악의 컨디션이라고 얼마나 자주 느꼈나요?	0	1	2	3	4
9. 최근 1개월 동안, 내가 통제할 수 없는 일 때문에 화가 난 경험이 얼마나 자주 있었나요?	0	1	2	3	4
10. 최근 1개월 동안, 어려운 일들이 너무 많이 쌓여서 극복하지 못할 것 같은 느낌을 얼마나 자주 경험하였나요?	0	1	2	3	4
전체 합산 점수					

문항 출처: 이종하 외(2012)

■ 채점 기준

0~10점	정상적인 스트레스 상태입니다.
11~20점	경도의 스트레스 상태로, 스트레스의 영향을 조금 받고 있는 상태입니다. 스트레스를 줄이고 긍정적 경험을 하는 등 스트레스 관리가 필요합니다.
21~40점	심한 스트레스 상태로 적극적인 스트레스 관리가 필요하며, 혼자서 해결하기 어려울 수 있기 때문에 전문가의 도움을 적극적으로 받을 필요가 있습니다.
31~40점	매우 심한 스트레스를 받고 있으므로, 상담센터나 전문의를 찾아 상담이 필요합니다.

■ 나의 스트레스 정도는 어떠한가요?

–

–

–

스트레스 관리 전략 활동(2) 일상 스트레스 관리하기

활동목표 나의 평소 스트레스 원인을 파악하고 이에 대한 대처방식을 생각해 봅시다.

활동내용 아래의 내용을 읽고 자신의 생각을 정리해 본 뒤, 팀원과 함께 이야기 나누어보세요.

■ **요즘 가장 스트레스를 받고 있는 일이 있다면, 무엇인지 작성해 보세요.**

■ **생각해 보기**

1) 위의 문제를 해결하기 위한 문제중심 대처방식은 어떠한 것이 있을까요?

2) 위의 문제를 해결하기 위한 정서중심 대처방식은 어떠한 것이 있을까요?

3) 문제중심 대처방식과 정서중심 대처방식을 혼합하여 위 상황에 대한 전반적 문제해결에 대해 생각해 보세요.

스트레스 관리 전략 활동(3) 학습 스트레스 관리하기

활동목표 나의 평소 학습관련 스트레스 원인을 파악하고 이에 대한 대처방식을 생각해 봅시다.

활동내용 아래의 내용을 읽고 자신의 생각을 정리해 본 뒤, 팀원과 함께 이야기 나누어보세요.

■ **요즘 가장 스트레스를 받고 있는 학습과 관련된 일이 있다면 무엇인지 작성해 보세요.**

■ **생각해 보기**

1) 위의 문제를 해결하기 위한 문제중심 대처방식은 어떠한 것이 있을까요?

2) 위의 문제를 해결하기 위한 정서중심 대처방식은 어떠한 것이 있을까요?

3) 문제중심 대처방식과 정서중심 대처방식을 혼합하여 위 상황에 대한 전반적 문제해결방법에 대해 생각해 보세요.

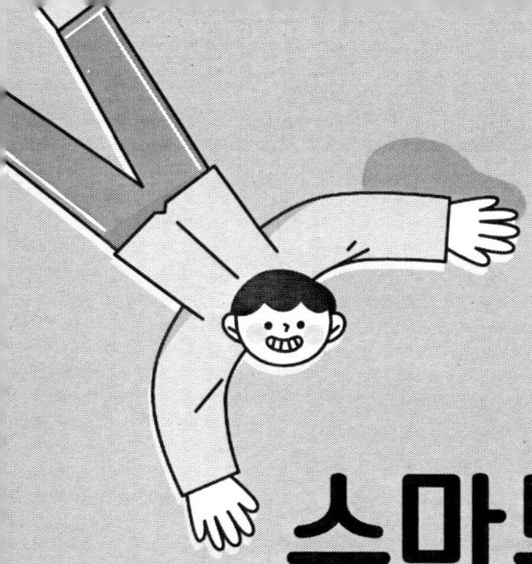

스마트 학습전략

07

CHAPTER

CONTENTS

07 CHAPTER 스마트 학습전략

가 온라인 수업 전략

- 온라인 강의란 이러닝을 포함하여 비대면으로 전자장치를 활용한 학습과 교육(all forms of electronic supported learning and teaching)을 의미
- 온라인강의 강의는 제작 방식에 따라 ① 글(text), ② 글과 음성(audio), ③ 글과 동영상(video), ④ 글, 음성, 이미지(image), 플래시 애니메이션(flash animation) 등 활용
- 온라인 강의의 가장 어려운 점은 학생이 자율적으로 시간을 정해서 꾸준히 학습해야 한다는 것
- 처음 온라인 강의를 시작할 때에는 학습자 이용 안내를 꼼꼼히 읽어보고, 가능한 자주 접속해 학습창의 구성과 버튼들의 기능을 탐색하면서 학습 환경에 익숙해지는 것이 필요

● 효과적인 온라인 강의 수강하기

- 수강 목적과 목표를 분명히 할 것
  - 학기 초에 '수강목적과 목표'를 적어둘 것
    예) 수강 목적 또는 목표는 해당 분야에 대한 전문가가 되는 것, 기초지식을 쌓는 것, 안목을 넓히는 것, 새로운 분야에 대한 탐색, 취업을 위한 준비, 스스로 학습 계획을 세우고 이를 지키는 것에 대한 연습을 하는 것, A 학점을 받는 것 등
  - 수강 과목의 강의계획서에 제시된 수업 목표, 주별 학습 내용과 관련해서 구

체적이고 상세한 목표를 세울 수 있음

- 학습시간은 규칙적으로
  - 한 번에 몰아서 공부하지 않고 과목별로 시간 계획을 세워서 정해진 시간에 규칙적으로 학습
- 노트필기를 하면서 듣기
  - 필기를 하면 내용을 구조화해야 하기 때문에 수업내용을 이해하고 파악하기 위해 수업에 집중할 수 있음
  - 강의를 들으면서 연습장에 정리를 하고 다시 내용을 복습하면서 재구조화해 나만의 노트를 만들 것
  - 노트 필기를 할 때에는 자신만의 정리 규칙을 정해 그에 맞추어 정리하는 것이 효율적(글씨 크기, 들여쓰기, 중요도 표시, 혼동하지 않아야 할 내용 구분 등)
- 소리 내어 수업 듣기
  - 온라인 강의는 모니터를 통해서 강의나 글을 일방적으로 전달받기 때문에 강의 내용을 소리 내어 말하거나 질문에 답하는 등의 행동을 통해 학습 효과를 높일 수 있음
  - 중요한 내용을 이해할 때까지 소리 내어 읽어보거나 화면 속 교수님의 질문에 소리 내어 답해 보는 것 필요
- 질의응답 게시판 적극 활용
  - 대부분의 온라인강의 사이트들은 질의응답 게시판을 통해 교수님과 학생이 의사소통함
  - 궁금한 내용을 질문하기 위해서는 자신이 알고 있는 부분과 이해가 되지 않는 부분을 정확히 인식할 것
- '예습과 복습' 병행
  - 인터넷으로 학습을 시작하기 전에 교재를 미리 한번 읽어보면서 '이해가 되지 않는 부분을 표시'해 두고 강의를 들을 것
  - 복습은 강의를 들은 직후에 노트나 교재를 보면서 학습한 내용을 검토하고, 며칠 후 다음 강좌를 듣기 전에 내용을 떠올려 보면서 기억나지 않는 부분을 다시 확인하고 다음 강의와의 관련성을 파악할 것

- 처음부터 빠른 속도로 보는 것은 자제
  - 온라인 강의는 강의의 속도를 학습자가 원하는 대로 조절 가능한데, 강의를 처음 들을 때에는 빠른 속도로 진행하기보다 기본 속도로 강의를 듣고, 필요하다면 반복해서 들을 때에 속도를 조절하는 것을 권장
- 잦은 '되돌리기'는 학습효과 저해
  - 강의를 보는 중간에 자주 '되돌리기 기능'을 사용하면, 내용을 전체적으로 파악하는 것을 어렵게 하고 집중력을 떨어뜨릴 수 있음
  - 경우에 따라 학습한 내용을 바로 되돌려볼 수도 있지만, 해당 부분의 시간대와 주제를 기록해 뒀다가 당일 학습할 분량을 마친 뒤에 기록해 둔 부분을 다시 보는 것이 효율적임
- 강의에 집중할 수 있는 환경 만들기
  - 공부를 하기 전에 책상을 깨끗이 치우고 학습에 관련된 교재와 필기도구만 놓을 것
  - 메신저, 기타 프로그램, 휴대폰 등은 꺼둘 것
  - 웹브라우저의 초기 화면을 '학습사이트'로 지정해 둘 것
- 강의화면은 크게, 마우스와 키보드는 멀리
  - 웹서핑을 할 때처럼 모니터에 가까이 앉기보다는 학교에서 수업을 들을 때와 같이 모니터 속 교수님과 거리를 두고 앉을 것
  - 스피커 음향을 적절히 키우고 화면은 전체 크기(full screen)로 할 것
  - 마우스와 키보드를 손에서 멀리 떨어뜨려두어 웹서핑과 채팅 등의 유혹을 줄일 것

나 스마트 애플리케이션(앱) 사용

(1) ChatGPT 활용

- 인공지능이 사람의 언어를 처리하는 분야를 일컬어 자연어 처리라고 함
- 자연어 처리에는 크게 자연어 이해와 자연어 생성, 두 가지 분야가 있음
- 자연어 처리는 자연어 이해와 자연어 생성의 두 가지 문제를 인공지능이 어떻게 잘 처리할 수 있을까?에 대한 고민과 함께 지속해서 발전함

● ChatGPT의 오해와 한계

- ChatGPT의 실시간 학습 능력
  - ChatGPT에게 요청하는 사용자의 입력을 프롬프트라고 함
  - ChatGPT가 이어지는 대화 안에서민큼은 마치 실시간 학습을 한 것처럼 보이는 현상을 인컨텍스트 러닝이라고 함
  - 이는 답변할 때마다 바로 이전 질문과 이전 대화를 고려하여 답변하는 것으로, 영구적으로 기억히는 학습과는 다름
- ChatGPT가 알고 있는 지식의 기간
  - ChatGPT가 가진 지식의 기간은 2021년까지
- ChatGPT는 정보를 검색하지 않음
  - ChatGPT는 사람에게는 상식에 해당하는 지식이고 구글이나 네이버 같은 검색 엔진을 통해 손쉽게 찾을 수 있는 지식이라고 하더라도, ChatGPT는 잘못된 답변을 할 가능성이 있음
  - 충분히 검증할 수 없는 상황이라면, 사실성(진실성)이 중요한 질문을 ChatGPT에게 하는 것은 적절하지 않음
- ChatGPT는 추가 학습이 제공되지 않음
  - OpenAI에서는 ChatGPT 외에도 다른 GPT 관련 모델을 회원 가입 후에 다른 서비스에 연동할 수 있게 API 형식으로 제공함

- ChatGPT는 숫자에 약함
  - ChatGPT뿐만 아니라 많은 언어 모델은 특징상 숫자와 관련된 문제를 푸는 일에는 약한 편이며, ChatGPT가 생성해 낸 텍스트에서 수치 정보가 틀렸을 수 있음을 염두에 두고 사용해야 함
- 거짓말 주의
  - 언어 모델은 가장 확률이 높은 답변을 완성하지만, 그 답변의 진실, 거짓 여부를 판단하는 능력은 없음
  - 언어 모델이 문맥적으로는 그럴듯하지만, 거짓된 사실을 섞어서 생성하는 이러한 현상을 할루시네이션이라고 함
  - 할루시네이션은 ChatGPT뿐만 아니라 많은 언어 모델에서 문제점으로 지적되고 있으므로 사용을 주의해야 하며, 보고서 작성이나 논문 작성, 법령, 의사의 진단 등을 ChatGPT에 완전히 의존해서는 안 됨

■ **할루시네이션(Hallucination)**

인공지능(AI)이 주어진 데이터나 맥락에 근거하지 않은 잘못된 정보나 허위 정보를 생성하는 것을 의미함

– AI 언어 모델은 데이터를 학습해 확률상 가장 높은 대답을 내놓지 진위는 확인할 수 없기에 얼핏 그럴 듯해 보이지만 말도 안 되는 답을 내는 오류를 범한다는 것으로, 만약 인간이 악의적으로 오염된 데이터를 학습시킬 경우 위험해질 수 있기에 최근 주요 7개국(G7) 정부는 '챗GPT' 등 AI 모델을 사용할 때 책임을 부여해야 한다는 취지의 공동성명을 채택함

출처 : 서울경제(인공지능 할루시네이션), 2023.06.04

- 이미지를 그리는 인공지능
  - 이미지를 인식하거나 생성할 수 있는 능력은 현재 없음
  - 이미지를 생성하는 데 뛰어난 인공지능 모델인 달리, 미드저니, 스테이블 디퓨전의 사용을 권장
- ChatGPT는 사고하는 능력이 없음
  - ChatGPT는 인공지능 언어 모델일 뿐, 인간이 하는 방식으로 생각하는 능력은 없음

- ChatGPT는 인터넷에서 학습한 수많은 텍스트 데이터를 기반으로 주어진 프롬프트에 가장 그럴듯한 답변을 생성하기 때문에 철학적이거나 논쟁이 많은 질문, 미래를 예측하는 질문을 던졌을 때 사람의 지식을 벗어난 특별한 방향성을 제안해 주기를 기대하지 않아야 함

• ChatGPT의 한글과 영어의 성능 차이

- ChatGPT는 한글에서도 충분히 잘 동작하지만, 국내에서 만든 모델이 아니기 때문에 한글과 영어를 사용했을 때 성능 차이가 발생
- 답변의 속도뿐만 아니라 답변의 정확도나 텍스트의 질 등에서 성능 차이가 발생함
- ChatGPT 내부적으로 사용할 수 있는 텍스트의 최대 길이가 정해져 있으며, 비슷한 길이의 영어 문장과 한글 문장이 있을 때 한글을 훨씬 더 긴 텍스트로 판단함

• ChatGPT로 할 수 있는 일

- 과제, 논문, 제안서에 활용하기
- 자소서 쓰기
- 회사 문서, 기획서, 공문서에 활용하기
- 시나리오, 웹소설, 웹툰, 게임 기획 그리고 책 쓰기
- 홍보, 마케팅 자동화

(2) Notion의 이해

• Notion은 단순한 기능들을 조합해서 다양하게 활용할 수 있는 협업 툴임
• 기본적으로 협업 툴에 초점이 맞춰져 있지만, 사용자에 따라 일상을 기록하는 개인 메모 도구로 쓰거나 업무 효율성을 높여주는 생산성 도구로 쓸 수 있음

● Notion의 주요 특징

• 레고와 같은 블록으로 이루어져 있음

- Notion에서는 텍스트 블록, 번호 매기기 목록 블록, 글머리 기호 목록 블록, 페이지 블록, 이미지 블록, 표 블록 등 개체 하나 하나가 모두 블록으로 구성됨

   - 블록은 문서 편집을 위한 기본 블록, 데이터를 정리하는 데이터베이스 블록, 사진 · 동영상 · 음성 파일 등을 넣는 미디어 블록으로 크게 세 가지임
- 클라우드 기술을 이용하여 IOS, Android, Windows, macOS 등 모든 운영체제 지원
   - 거의 모든 기기에서 사용할 수 있고 모바일에서 작성하고 있는 내용은 실시간으로 동기화되어 데스크톱에서도 바로 확인할 수 있음
- 다양한 문서 편집을 지원
   - 기본적인 문서 편집 도구로 제목 글자 크기, 번호 매기기 목록, 인용문뿐만 아니라 표, 캘린더, 보드, 리스트, 갤러리, 타임라인 보기 등의 데이터베이스 블록을 제공
   - 데이터베이스에 정보를 입력해 두면 캘린더, 보드 보기로 모양을 바꿔가며 볼 수 있고, 이미지, 북마크, 동영상, 오디오, 코드, 파일 블록을 지원함
- 임베드 기능을 제공
   - 임베드(Embed)란 외부에 있는 파일이나 웹사이트를 다운로드하지 않아도 Notion에 삽입하여 직접 내용을 확인할 수 있는 기능
   - 가령 PDF 파일을 Notion에 넣으면 PDF 파일을 다운로드하지 않아도 Notion 자체에서 문서 내용을 모두 확인 가능

● Notion AI 사용하기

- AI에게 요청하기
   - 텍스트를 선택하고 [AI에게 요청]을 클릭하면 팝업 메뉴가 나타남
   - 여기서 '선택 부분에서 생성' 영역에 있는 메뉴를 이용하면 선택한 내용을 빠르게 요약할 수 있으며, 다른 언어로 번역하거나 Notion AI가 분석한 설명글을 확인할 수 있음
- 페이지 관리를 위한 Notion AI
   - [Ctrl + J]를 눌러 Notion AI를 실행한 후 팝업 메뉴 중 '페이지에서 생성'과 '페이지 편집 또는 검토' 영역에 있는 메뉴를 이용하면 현재 페이지를 보다 정교하게 완성하거나 손쉽게 편집 가능

- '페이지에서 생성' 영역에 있는 메뉴를 이용하면 현재 페이지의 내용을 요약하거나 원하는 나라의 언어로 번역할 수 있으며, 시가 분석한 현재 페이지의 설명을 확인할 수 있음
- '페이지 편집 또는 검토' 영역에서는 현재 페이지에 작성된 내용을 토대로 내용을 업그레이드하거나 맞춤법 검사, 어조 변경 등을 일괄 빠르게 처리할 수 있음

• AI로 초안 작성
- Notion AI를 이용하면 사용자가 입력한 내용을 분석하고 자동으로 관련 정보를 수집하며, 이를 기반으로 초안을 작성 가능
- [Ctrl + J]를 누른 후 'AI 초안 작성' 영역에 있는 메뉴를 선택하거나 초안의 근거가 될 텍스트가 입력되어 있다면 해당 텍스트를 드래그해서 선택하고 [AI에게 요청]을 클릭한 후 메뉴를 선택

■ Notion AI를 조금 더 잘 사용하는 방법

• 원하는 결과물을 얻으려면 좀 더 구체적으로 명령 메시지를 입력하는 것이 좋다. 명령을 입력하는 몇 가지 팁을 소개하면 다음과 같다. 무엇보다 한 번 얻은 결과물은 그것으로 끝이 아니고, 계속해서 수정 요청을 할 수 있다는 점도 기억해야 한다.
- 그 구체적인 목표와 목적 필요 : Notion AI가 무엇을 해주길 원하는지 최대한 구체적이고 명확하게 작성할 것
- 구체적이고 명확하게 명령 작성 : Notion AI는 사용자의 요청을 정확하게 이해하고 보다 정확한 결과물을 제공할 것
- 가능한 많은 정보 제공 : 결과물과 관련된 배경 정보, 키워드, 원하는 결과물의 길이나 어조 등 조건이 다양할수록 좋음
- 단순한 단어나 문장 사용 : 지나치게 복잡한 언어나 전문 용어는 피하는 것이 좋음.

  예시) '카페를 트위터에 홍보할 문구를 작성해줘'보다는 '생과일주스가 유명한 카페를 트위터 게시글 형태로 친근한 어조로, 해시태그 3~5개 포함, 총 280자 미만으로 소개해줘'가 더 좋은 명령임

(3) FigJam

● FigJam 이란?

- 브레인스토밍, 협업을 위한 온라인 화이트보드
  - Figma라는 UI 디자인, 프로토타입을 구현하는 디자인 툴의 한 부분으로 더 쉽게 아이디어 도출 및 발산, 협업을 가능하게 하는 도구임

● FigJam의 장점

- 사용하기 쉽고 간편함
- 확장성이 좋음(큰 도화지 안에 필요한 정보를 다 담을 수 있으며, 다양한 외부 앱의 연결이 가능함)
- 동시에 다중 접속이 가능해 빠른 협업이 가능함
- 다양한 템플릿을 제공함
- 교육용 계정은 무료로 사용 가능함

● FigJam의 툴바

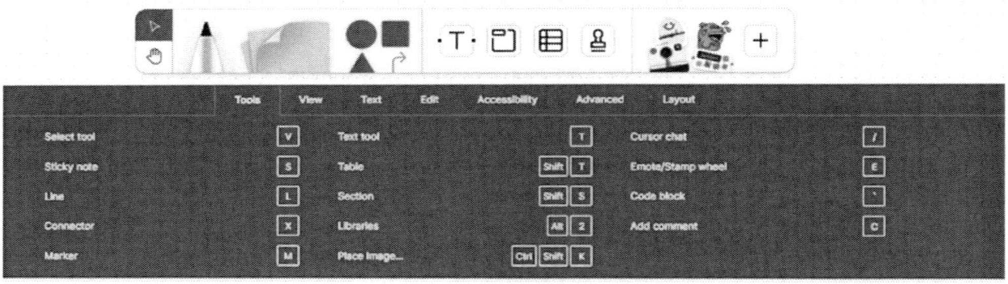

- 선택: 화살표로 원하는 오브젝트를 선택하여 위치를 이동하거나 수정, 삭제할 수 있음
- 이동: 캔버스를 이동하는 도구로 전체를 쉽게 원하는 위치로 이동할 수 있음
- 그리기: 자유로운 선을 그리거나 글씨 등 원하는 형태를 만들어낼 수 있으며, 필기구의 종류, 색상, 지우개 등을 선택할 수 있음

- 스티키 노트: 아이디어나 메모를 삽입할 수 있는 스티키 노트를 활용할 수 있으며, 스티키 노트에 커서를 올렸을 때 사방향으로 나타나는 +를 누르면 누른 방향으로 노트 추가가 가능함
- 도형: 다양한 도형 및 연결선을 그릴 수 있는 도구이며, 도형의 색상 선택이 가능하며, 연결선(커넥터)은 오브젝트를 연결할 수 있음
- 텍스트: 텍스트를 삽입할 수 있음
- 섹션: 원하는 오브젝트를 하나의 섹션으로 묶을 수 있으며, 섹션으로 묶이면 하나의 오브젝트처럼 한번에 이동이 가능함
- 표: 표를 삽입할 수 있으며, 표의 오른쪽 혹은 하단에 커서를 대면 나오는 + 표시를 눌러 쉽게 표의 크기를 확장할 수 있음
- 스탬프: 좋아요, 별표, 물음표 등 다양한 스탬프를 찍을 수 있으며 이를 활용하여 의견에 대한 직관적인 상호작용이 가능함
- 위젯: 외부 프로그램과 연결된 다양한 위젯을 활용할 수 있어 협업활동을 흥미롭게 할 수 있게 해줌
  - 추천할 만한 위젯: 캘린더, 포토부스, 타임라인, 스케일, To do 목록 관리, 투표 등

● FigJam의 기타 기능

- 타이머: 활동의 정해진 시간을 제시할 수 있는 타이머 기능
- 배경음악: 팀 활동 중 활발한 분위기를 조성할 수 있는 배경음악 재생 가능
- Spotlight Me: 특정 사용자의 움직임을 강조하여 시각적으로 표시하는 기능으로 실시간 협업 중 다른 팀원이 어떤 부분에서 작업하고 있는지 쉽게 파악하고 의사소통을 원활하게 함

(4) 유용한 애플리케이션

● 스캐너블(Scannable)

- 스캐너가 없어도 사진만 찍어도 스캐너처럼 이미지를 변환해 주는 프로그램
- 수업 시간에 활동한 종이 출력물을 제출해야 할 때 유용하게 사용할 수 있음

- 영수증, 문서, 사진, 명함, 화이트보드를 비롯해 크기나 모양과 관계 없이 모든 종류의 종이 문서를 휴대폰으로 바로 스캔 가능
- 사용자가 이미지 사진을 찍으면 자동으로 이미지를 자르고, 밝기, 명암, 선명도를 조정해 이미지 품질을 개선
- 스캔한 이미지는 휴대폰에 저장하거나 이메일이나 텍스트 메시지를 통한 공유가 가능함
  - 앱 설정에서 스캔한 항목을 이미지 혹은 PDF로 저장할지 선택할 수 있음

● 타임블록스(Timeblocks)

- 휴대폰으로 쉽고 간단하게 일정 관리를 할 수 있는 모바일 시스템 다이어리
- 퀴즈, 시험, 과제, 팀플, 아르바이트 등 다양한 일정으로 바쁜 대학 생활을 성공적으로 수행하도록 지원할 수 있는 어플임
- 캘린더, 할일, d-day, 메모 등을 통합적으로 관리 가능
- 일정이 바뀌어도 드래그 앤드 드롭(drag & drop) 기능으로 손쉽게 수정 및 정리 가능
- 다양한 테마, 스티커, 폰트, 배경 등의 아이템으로 종이 다이어리처럼 나만의 캘린더 꾸미기 가능
- 그룹 일정의 외부 공유 및 외부 캘린더의 일정 연동 가능

● 열품타(열정을 품은 타이머)

- 나 혼자 하는 공부이지만, 혼자가 아닌 누군가와 함께하는 듯한 분위기를 조성해 주는 앱
- 스스로 학습을 계획하고 수행해야 하는 대학 생활에서 학습에 집중하고 자신의 학습 습관을 관리할 수 있도록 지원해 주는 앱임
- 스톱워치 기능으로 과목별 스톱워치를 설정할 수 있고, 다른 앱 사용 차단 가능
  - 단, 허용앱 기능으로 학습에 필요한 앱을 사용 가능하게 할 수 있음
- 스톱워치로 측정된 과목별 학습시간을 스터디 플래너로 자동 생성
- 스터디그룹을 생성하여 스터디원이 실시간으로 공부 중인지 휴식 중인지 확인 가능

- 학습 시간의 일. 주. 월별 통계를 제시해 주어 얼마나 학습했는지 시각적이고 객관적인 지표로 확인 가능
- 캠스터디 기능은 실시간으로 다른 사람들과 경쟁하며 집중력을 올릴 수 있음

참고문헌

강인애, 정준환, 정득년(2007). **PBL의 실천적 이해: PBL 수업을 위한 길라잡이**. 서울: 문음사.

김소희(2007). 사이버대학 학습자의 성격유형, 자기주도성, 정보기술에 대한 태도 및 자기효능감과 학업성취도 간의 관계. 이화여자대학교 박사학위논문.

김정섭(2019). **대학생을 위한 숨겨진 학습비밀**. 부산: iamcoop.

김판수(2007). **공부의 절대시기**. 서울: 교육과학사.

김현우(2021). 프로젝트기반 스토리텔링 활용 교양교과의 창의성 연구. **창의력교육연구, 21**(1), 93-108.

김혜온(2008). **대학생을 위한 자기주도학습기술**. 서울: 학지사.

노원경(2009). 루브릭을 활용한 학습전략 교육 프로그램 개발 및 효과 연구. 연세대학교 박사학위논문.

문승태, 박미하, 양복만(2012). 대학생의 인간관계와 학습의 자기주도성 및 진로적응성의 관계. **진로교육연구, 25**(3), 39-60.

박주연(2008). 문제해결방법을 활용한 자기주도학습 모형개발 및 효과 연구. 관동대학교 박사학위논문.

박한숙(2010). **학습기술의 진단과 처방**. 경기: 양서원.

변영계, 강태용(2003). **공부를 잘 하는 방법-학습기술**. 서울: 학지사.

서울경제(2023). [신조어 사전] 인공지능 할루시네이션(Hallucination). https://www.sedaily.com/NewsView/29QQ49U8UC.

서울대학교(2011). **학습법 가이드**. 서울: 교육과학사.

송숙희(2020). **150년 하버드 글쓰기 비법**. 서울: 유노북스.

송인섭(2014), **공부하는 척하지 마라**. 서울 : 청림출판.

송인섭(2008). **공부는 전략이다**. 서울 : 다산북스.

송창백(2011). **대학생의 자기계발을 위한 학습전략 가이드북**. 경기: 아카데미아.

신보라(2013). **학습멘토에게 배우는 A+ 대학공부법**. 경기: 티즈맵출판사.

오선아, 김선미, 김연순, 김진영, 류정희, 이현진, 조익수(2022). **배우기를 The 배우기: 디지털 시대의 학습전략**. 서울: 피와이메이트.

유춘열(2006). **즐거운 대학 생활을 위한 생활관리와 공부방법**. 서울: 국민대학교출판부.

이동섭(2013). 자기주도적학습력 평가도구 개발 및 타당화. 인제대학교 박사학위논문.

이소희(2021). 대학생의 자기주도학습능력, 자기효능감, 의사소통능력, 창의융합역량 간의 구조적 관계. 백석대학교 박사학위논문.

이수진(2014). **새내기를 위한 대학 공부능력 향상의 열세 가지 비밀**. 서울: 국민대학교출판부.

이현우, 장경숙, 홍영기(2001). **성공적인 대학 생활의 길라잡이–학습 전략과 비판적 사고를 중심으로**. 서울: 한국문화사.

장경룡(2015). **대학생이라면 꼭 읽어야 할 대학공부 길라잡이**. 광주: 심미안.

전도근(2012). **전도근 박사의 자기주도학습**. 서울: 학지사.

전명남(2015). **학습전략**. 서울: 학지사.

정미경, 안혜진, 권재기(2023). **혼공시대 자기주도학습 공부법**. 경기: 지식터.

조용개(2010). **대학생활을 위한 학습전략 포트폴리오**. 서울: 학지사.

주현재(2011). 고등교육에서의 학습자중심 교육에 기반한 PBL 모형 개발. 경희대학교 박사학위논문.

진성희, 성은모, 신수봉(2015). 공학교수를 위한 팀 프로젝트 운영 가이드북(연구보고 RCIEE–2015–03). 인천: 인하대학교 공학교육혁신연구센터.

Ellis, David B. (2009). **세계 최고의 학습법**. 경기: 아시아코치센터.

저/자/약/력

김현우

예수대학교 교직부 교수(교육학 박사, 교육공학 전공)

정부출연연구소에서 교육훈련팀장을 맡아 국가 과학기술분야 R&D 연구책임자와 연구관리자에 대한 교육과 연수를 기획하고 진행하면서 교육학의 매력에 빠졌다. 구성주의에 기반한 학습자중심 수업에 관심을 두면서 자기주도적 학습, 문제중심학습, 프로젝트학습에 관한 연구를 진행하고 있다. 또 창의성 제고, 에듀테크 활용 교육, 실감형콘텐츠 기반 교육 등도 관심 연구 분야이다.

윤혜진

한국성서대학교 교수학습센터장(교육학 박사, 교육공학 전공)

언젠가는 가르치는 일을 하겠다던 꿈이 대학에서 시작했던 전공과 다르게 결국 교육학의 길로 저자를 이끌었다. 학습자에게 다양한 학습 경험을 제공하는 학습자 중심의 교수학습방법에 관심을 가지고 관련된 연구를 계속해 오고 있다. 특히, 지금 시대에 여러 분야의 융합적 지식을 탐색하고, 실제 삶에서 마주하는 문제들을 해결하기 위한 해결안을 도출하는 과정의 경험이 중요하다고 생각하기에 문화예술 기반의 융합교육, 메이커교육, 디자인씽킹을 접목한 수업을 다방면으로 실천하고 있다.

최보라

서원대학교 교육혁신원 교수(교육학 박사, 교육심리 전공)

교육학 세부 전공 중 인간의 심리적 영역을 연구하고, 이를 과학적으로 증명하는 과정과 방법에 흥미를 느껴 교육심리라는 학문에 대한 연구를 시작하였다. 통계를 통해 현장 적용 가능성을 예측하고, 다양한 진단검사를 개발하여 학습자 진단 후 예방적 또는 처방적 처치를 통해 학습자의 학습역량이 향상되는 방법에 관한 연구를 진행하고 있다. 같은 선상에서 학습자의 동기, 학습전략, 학습태도 그리고 학습부진 학습자의 학습역량 향상을 위한 다양한 과정과 방법에 관심을 갖고 연구활동을 하고 있다.

대학생을 위한 학습전략

1판 1쇄 발행 2024년 2월 20일

지은이 김현우 · 윤혜진 · 최보라
펴낸이 김동근
펴낸곳 지식터
등록 2022년 10월 19일(등록번호 제396-2022-000170호)
주소 경기도 고양시 일산동구 정발산로 24 웨스턴타워 3차 417호(장항동)
전화 031-811-8500
팩스 031-811-8600
이메일 jster22@naver.com
홈페이지 www.jster22.com
ISBN 979-11-92845-96-8 (13190)

값 14,000원
잘못된 책은 구입처에서 바꾸어 드립니다.